五育融合下
劳动教育实践与创新

李友谊◎主　编

山西出版传媒集团
三晋出版社

图书在版编目（CIP）数据

五育融合下劳动教育实践与创新/李友谊主编.--太原：三晋出版社，2023.9
ISBN 978-7-5457-2807-1

Ⅰ.①五… Ⅱ.①李… Ⅲ.①劳动教育－教学研究－高等学校 Ⅳ.①G40-015

中国国家版本馆CIP数据核字(2023)第191309号

五育融合下劳动教育实践与创新

主　　编：	李友谊
责任编辑：	张　路
出 版 者：	山西出版传媒集团・三晋出版社
地　　址：	太原市建设南路21号
电　　话：	0351-4956036（总编室）
	0351-4922203（印制部）
网　　址：	http://www.sjcbs.cn
经 销 者：	新华书店
承 印 者：	北京兴星伟业印刷有限公司
开　　本：	720mm×1020mm　1/16
印　　张：	10.25
字　　数：	150千字
版　　次：	2024年3月第1版
印　　次：	2024年3月第1次印刷
书　　号：	ISBN 978-7-5457-2807-1
定　　价：	59.00元

如有印装质量问题，请与本社发行部联系　电话：0351-4922268

前　言

当前，世界正在经历百年未有之大变局，开启全面建设社会主义现代化国家新征程是新发展阶段面临的紧迫任务。这项任务需要数以亿计的劳动者通过辛勤劳动、诚实劳动和创造性劳动才能实现。高校作为人才培养的主阵地，其培养的大学生能否尊重劳动、崇尚劳动、热爱劳动并积极投身劳动，直接决定了中国特色社会主义事业是否后继有人、第二个"一百年"奋斗目标的宏伟蓝图能否最终实现。因此，劳动教育不仅是高校教育活动的重要内容，还是时代赋予高校的责任。每一所高校都应肩负起这一重要使命，积极探究新时代高校劳动教育的实现路径。

实现高等教育内涵式发展和高质量发展是推进教育强国的重要目标之一。习近平总书记在全国教育大会上提出，培养德智体美劳全面发展的社会主义建设者和接班人的重要论断，对新时代人才培养目标提出了更加明确的要求，以形成具有更高水平的教育体系和人才培养体系，为高校如何通过"五育融合"的方式促进学生全面发展指明方向。"五育融合"不仅是新时代的教育价值观，也是新时代教育思维方式和实践范式与时俱进的重要体现，主要通过"五育"内外部因素之间的互相作用和影响，使得各要素既保持其独立性又凸显其整体性。"五育融合"既是教育手段，又是教育目的，重在通过"五育互育"，实现"五育"有机融合，推动学生全面发展。

基于"五育融合"的视角,劳动教育的目的在于引导学生将知识学习与主客世界的改造相融通,将所知转化为"成人"与"成事"的资源,促进其意义世界的主动建构。劳动教育应是"以学致思""由思而事""以事成人"的过程,由此实现学生由"旁观者"转向"当事者",由"认识主体"走向"实践主体",最终在"成事"中自觉"成人"。未来体系化的劳动教育建构应明确"成事成人"的价值定位,架构起知识学习与个体行动的桥梁,形成"学—思—做"动态循环的劳动教育过程,建构起劳动教育与德育、智育、体育、美育相互融通的教育结构。

编 者

2023 年 8 月

目 录

第一章 高校劳动教育的新内涵及新定位 ········· 1

 第一节 劳动教育的内涵 ········· 1

 第二节 高校劳动教育的新内涵 ········· 18

 第三节 高校劳动教育的新定位 ········· 27

第二章 高校劳动教育的内容体系 ········· 35

 第一节 劳动观念 ········· 35

 第二节 劳动知识 ········· 43

 第三节 劳动实践 ········· 49

 第四节 劳动技能 ········· 53

 第五节 创造性劳动 ········· 58

第三章 高校劳动教育的分层实施 ········· 62

 第一节 学校层面的组织职责 ········· 62

 第二节 院系层面的实施职责 ········· 72

 第三节 教师层面的指导职责 ········· 78

 第四节 学生层面的学习职责 ········· 84

第四章 高校劳动教育方法创新················90

第一节 高校劳动教育方法创新的必要性················90
第二节 高校劳动教育方法创新的基本原则················100
第三节 高校劳动教育方法创新的可行路径················107

第五章 五育融合下劳动教育实践················119

第一节 五育融合的理论概述················119
第二节 五育融合视角下劳动教育课程的价值认识与路径建构······132
第三节 五育融合视角下高校加强劳动教育的对策················137
第四节 五育融合视角下劳动教育的过程逻辑与未来路向········146

参考文献················156

第一章 高校劳动教育的新内涵及新定位

第一节 劳动教育的内涵

一、劳动

(一)劳动的概念

马克思认为,劳动是人类社会存在与发展的根本前提,劳动创造了人,创造了文明,创造了社会。劳动是"人们使用工具改造自然物,使之适合自己需要的有目的的活动,即劳动力的使用或消费,包括脑力劳动和体力劳动"。作为人类存在方式的劳动,是指人类发挥主观能动性不断创造物质财富和精神财富的活动过程,在这一过程中,人类立足自然、改造自然,不断满足自身对美好生活的向往。在人类社会财富还没有达到极大丰富的条件下,劳动更多是作为一种谋生的手段、一种职业的存在。在人类社会实践活动中,劳动创造物质财富,满足人及人类社会生存和发展的需要;劳动实现自我,人类通过劳动创造精神财富,进而获得精神层面的满足感、幸福感;劳动超越自我,人类通过劳动不断提升自身技能,进而激发自身发展潜能和创造潜力。

劳动具有创造性。劳动是人类有目的、有意识的活动,创造了人类生存和发展所必需的物质财富与精神财富。马克思认为,人与动物最本质的区别就在于,"最蹩脚的建筑师从一开始就比最灵巧的蜜蜂高明的地方,是他在用蜂蜡建筑蜂房以前,已经在自己的头脑中把它建成了。劳动过程结束时得到的结果,在这个过程开始时就已经在劳动者的表象中存在着,即已经观念地存在着。它不仅使自然物发生形式的变化,同时他还在自然物中实现自己的目的"。与动物不同,人类在意识的支配下,带着一定的目的,运用自己的体力和脑力参与到社会实践中,并与物质生产资料相结合,改变劳动对象的形态,创造出自身所需要的产品。正因为劳动具有强大的创造能力,人类才能够不断认识自然、改造自然,人类社会才能得以持续发展。

劳动具有实践性。劳动是人类生存和发展的基础。劳动是实实在在的社会实践活动,人的吃、穿、住、用、行等基本生活问题要得到解决,就必须通过参加生产劳动实践,获取基本生活资料。同时,劳动也是人类社会发展的重要推动力量。正像社会本身生产作为人的人一样,社会也是由人生产的。活动和享受,无论就其内容或就其存在方式来说,都是社会的活动和社会的享受。在人类社会发展的初期阶段,劳动作为一种最基本的社会实践活动,不断改变着像茹毛饮血、刀耕火种这类原始的生活方式,为人的发展开辟了宽广的天地。之后,人类社会经历农耕文明、工业文明发展到今天的信息社会,人类通过自身的智慧和辛勤劳动,不断推动社会进步。

劳动具有利他性。劳动是人类社会的存在方式,作为创造物质财富与精神财富的社会活动,劳动生动诠释了"人人为我,我为人人"的文明理念。人是社会中的人,社会是由人构成的社会,任何人都无法脱离社会而单独存在。人类在劳动实践中,立足自身所处环境,发挥自身优势,创造特定的物质财富和精神财富,并将自身创造的各类产品与他人交换,以获取自身不能创造的产品,弥补自身的不足,不断满足自身对美好生活的需要。人类社会就是在这种创造与交换中不断发展的,劳动在人类社会发展中发挥了基础性作用。

可见,劳动是一种具有独立价值的人类活动,是人有目的、有意识地改造客观世界和主观世界的实践过程,是人同动物最根本的区别,是人类社会生存和发展的重要动力。

(二)劳动的分类

1.马克思主义关于劳动的经典分类。马克思在《资本论》中,从生产劳动的意义上将劳动分为脑力劳动和体力劳动。顾名思义,这是根据支出的劳动力属于脑力还是体力进行划分的。脑力劳动和体力劳动最初的分化是资本家将监督管理奴隶的工作交给了特定的雇佣工人,这部分人摆脱了体力劳动成为监工,于是雇佣工人被划分为干体力活的劳工和干脑力活的监工,这是体力劳动和脑力劳动最初的形式。到了机器大工业时代,科技的发展使体力劳动和脑力劳动进一步分离,负责检查、维修机器的工程师或机械师等劳动者尽管也需要付出体力,但由于他们拥有科学知识或手艺,因此属于总体工人中的脑力劳动者。到了当今时代,科技已经成为推动社会发展的重要力量,科技与生产的结合也越来越紧密,越来越多过去人们认为的脑力劳动渐渐变成了基本的生活技能,而未经专门训练的劳动者也越来越少。因此,单纯地将劳动划分为体力劳动和脑力劳动已经不适合当今时代。

2.新时代关于劳动的分类。随着科技与生活生产相互融合,越来越多过去人们所认为的简单的体力劳动,也不同程度地需要脑力的协作。比如,原先种地的农民只能依靠简单的生产工具,通过体力劳动的方式完成播种、施肥、浇水、收获,但现在智慧农民越来越多,他们的背后有先进的机械和强大的科技支撑,种地已经不再是简单的体力劳动,甚至需要经过专门的训练和教育方能从事。

因此,根据劳动过程中的创造性,可以将劳动大致分为以下三类。

(1)基础性劳动:指一个社会在一定时期内作为一名普通劳动者都应该能够从事的、创新程度较低的一种劳动。比如,打字员、司机等劳动者从事的劳动,同样需要经过培训才能掌握,但在当今时代它们并不属于专门的技术。基础性劳动的重复性较大,创新性较低,是绝大多数社会成员能够从事的相对简单的劳动,并且是其他劳动形式产生的基础。

(2)程序性劳动:指需要经过较长时间专门训练和具有一定创新性、介于体力劳动与脑力劳动之间的带有重复性的一种劳动。如自动化程度很高的工厂中的操作人员、服务领域的一般职员等劳动者从事的劳动,虽然体力劳动占比较少,但通常已有了一套劳动制度、劳动程序,因此只需要简单地再现即可,无须更多地创造。

(3)创造性劳动:指以智力消耗和知识创新为主要特征,需要经过长期严格训练的非重复性的劳动形式。如科学家、高级工程技术人员、艺术家、作家、高级经理人才等,他们的劳动均属于此类劳动。这种劳动是一种高级劳动,其本质特征在于探索和创新,一般需要经过长期的专业训练和深厚的知识能力积淀才能够形成。随着社会的发展,这种劳动对社会的推动作用越来越大。

此外,还可以根据劳动的复杂程度,将劳动分为简单劳动和复杂劳动;按照劳动的成效,将劳动分为高效率劳动和低效率劳动。

(三)劳动的本质

人类需要的各种物质资料,都要从自然界获取,劳动是人类最基本的社会实践活动。劳动的本质特征是:第一,劳动是一种客观的物质性活动。在劳动中起主导作用的人是物质世界的一部分,人类进行劳动所依赖的条件是客观物质条件,人类劳动的目的性是在对物质世界的客观性的认识中产生的。因此,劳动过程就是一个客观的物质性活动过程;第二,劳动是一种有目的的活动。劳动是人类为了满足自己的需要而进行的活动,人类劳动是具有目的性和预见性的,人类在开始劳动之前就能预见到劳动的结果。劳动就是人类按照预定的目的有计划地进行的活动;第三,劳动具有能动性。劳动的能动性首先表现为劳动的创造性。人类不仅用自身的力量改造自然,还能自觉地利用自然的物质力量改造自然。劳动所具有的能动性还表现为人类在劳动过程中表现出来的自我约束性。劳动过程就是人类按照预定的目标,运用一定的方法消耗自己脑力和体力的过程;第四,劳动是社会性的活动。人类劳动的社会性最初是在人类改造自然的过程中产生的。人要改造自然,首先必须在一定的关系下联合起来,结成人与人之间的关系,形成一种集体力量。人同动物的本质区别在于人具有社会性。

(四)劳动的社会职能

作为人类特有的社会活动劳动具有多方面的社会职能。

1. 创造社会财富。自然界为人类的生存提供了物质基础,但人类对自然界的依存并不是直接的,而是以劳动作为中介。直接作为人类生存和发展的客观物质条件的是社会物质财富,而社会物质财富则是人类劳动的产物。社会物质财富虽然最初都是自然物,但经过人的劳动加工或改造之后已经改变了存在的形态,成了社会的产物,不再单纯是自然的产物。社会物质财富的创造必须具备自然物和人类劳动两个条件,人类劳动首要的职能就是运用生产工具对作为劳动对象的自然物进行加工或改造,使其成为社会物质财富,并以生活资料的形式来满足人类自身生存和发展的需要。除了物质财富以外,社会财富的另一种形式是精神财富。社会精神财富也是在物质性生产劳动的基础上,通过精神性生产劳动创造出来的。

2. 推动社会发展。社会文明的基础是物质生产的发展水平,归根到底取决于人们的劳动方式,即战胜自然、获取生活资料的方式。人类学家摩尔根在《古代社会》一书中,根据人们战胜自然、获取生活资料方式的差别,把人类社会由低级到高级、由不完善到比较完善的发展过程划分为三个时代:蒙昧时代、野蛮时代、文明时代。恩格斯肯定了这种划分方法,并做了进一步阐发,指出:"蒙昧时代是以采集现成的天然产物为主的时期,野蛮时代是学会经营畜牧业和农业的时期……文明时代是学会对天然产物进一步加工的时期,是真正的工业和艺术产生的时期。"进入文明时代以后,社会的发展进步归根到底取决于人们战胜自然、获取生活资料的劳动方式的发展进步。正如马克思所说:"手推磨产生的是封建主为首的社会,蒸汽磨产生的是工业资本家为首的社会。"可见,正是人类的劳动不断地改造和完善着社会,推动着社会发展。

3. 满足人的需要。人作为一种动物,天然地有着自身的需要,在这一点上人和其他动物是相同的,但动物的需要是出自本性,仅以维持生命的延续为限度,长久地停留在一个大致不变的水平上,人的需要则内容广泛且不断提高。人的发展需要是人所特有的,是人区别于动物的根本标志之一。对于人类的生活来说,劳动不但创造着满足需要的社会财富,而且创造着需要本身以及满足需要的方式。马克思指出:"用刀叉吃熟肉来解除的饥饿不同于用手、指甲和牙齿啃生肉来解除的饥饿。因此,不仅消费的对象,而且消费的方式……都是生产所生产的。"可以说,劳动创造了人,也改造和完善了人,满足了人的生存需要和发展需要。人类的历史就是人类通过自身的劳动而诞生和不断自我完善的历史。

劳动的社会职能决定了它是人类各种活动中最重要的活动,它不仅改造着自然界,还改造着人和社会。

二、劳动教育

(一)劳动教育的概念

劳动教育是对学生进行劳动理念、劳动知识和劳动技能的教育活动,是促进学生养成正确劳动价值观、形成良好劳动素养的基本途径。劳动价值观是对劳动的认知、理解、判断或抉择。劳动教育引导学生形成正确的劳动价值观,就是要确立正确的劳动观念,形成积极的劳动态度,培养对劳动人民的真挚情感,养成良好的劳动习惯。劳动教育引导学生形成良好劳动素养,就是要通过不断参与劳动实践,增加知识储备,提高劳动技能,进而提升进行创造性劳动的能力。

劳动教育是在坚持全面、系统的科学文化知识学习的前提下,有目的、有计划地组织学生参加生活劳动、生产劳动和创造性劳动的教育活动,其目的是让学生动手实践、出力流汗,接受锻炼、磨炼意志,感同身受、增进认同,最终促进学生全面发展。

劳动教育是触及灵魂的思想政治工作。学生在施教者的言传身教中,培养品格,磨炼心性,加深对劳动价值的认识,坚定对劳动的正向情感,增进对劳动者、劳动行为、劳动成果的敬重之情,懂得劳动最光荣、劳动最崇高、劳动最伟大、劳动最美丽的道理,进而形成"崇尚劳动、尊重劳动"的正确劳动价值观。

劳动教育是入脑入心入行的社会实践。"劳力劳心,亦知亦行",陶行知先生的话,深刻阐明了劳动教育的意义和重要性。学生在正确劳动价值观的指引下,身体力行,劳动热情不断焕发,劳动知识不断丰富,劳动技能不断提高,创造性劳动潜能也进一步释放,"必须依靠辛勤劳动、诚实劳动、创造性劳动",最终成为适应时代发展要求的创造性劳动者。

重视劳动教育是马克思主义劳动观和教育观的重要内容,是中华民族的优良传统。马克思主义认为,劳动不仅创造财富,而且对于人的全面自由发展具有不可或缺的作用。"耕读传家久,诗书继世长",中华民族源远流长的耕读文化传统,是教育与生产劳动相结合的典型形式,不仅夯实了劳动教育的社会基础,也丰富了劳动教育的人文底蕴,更拓展了劳动教育的实践内涵。

(二)劳动教育的基本特征

1.劳动教育具有普通教育的属性。劳动教育旨在落实党和国家的教育方针,具有普通教育的属性。劳动教育的着眼点在于培育德智体美劳全面发展的社会主义建设者和接班人。劳动教育可以树德,锤炼学生认同劳动、尊重劳动、热爱劳动人民的道德品质;劳动教育可以增智,提高学生认识世界和改造世界的能力,激发创新创造的灵感;劳动教育可以强体,让学生增强体质、磨炼意志、锻炼身心;劳动教育可以育美,让学生塑造美的体型、创造美的事物、收获美的感受。"德智体美劳"五个方面相互渗透、相互促进,缺一不可,共同构成了促进人的全面发展的教育体系。可见,劳动教育是覆盖不同教育类型的教育形态,职业教育、普通教育、大中小幼不同学段都需要开展劳动教育,劳动教育对于成长阶段的大学生具有极其重要的意义。

2.劳动教育具有价值教育的特征。劳动教育要引导学生树立正确的劳动价值观,具有价值教育的特征。劳动教育所要提升的劳动素养,包括培育劳动情感、形成劳动习惯、有一定劳动知识与技能、有能力开展创造性劳动等,其中,劳动价值观是劳动素养的核心。劳动教育的开展离不开具体的劳动形式以及专门劳动技术的学习,真正健康的劳动教育则应当特别注重核心目标的达成,即努力帮助学生确立正确的劳动观点、积极的劳动态度,努力帮助他们形成尊重、热爱劳动的价值态度,这也是学校立德树人工作的重要任务。从立德树人的高度认识新时代的劳动教育的价值教育属性,能够弘扬劳动精神,强调劳动价值,培育劳动品格,引导、激励广大学生在学习和劳动的双向互动中求真学问、练真本领、立鸿鹄志、做奋斗者,努力成为有理想、有才干、有作为的实干家。

3.劳动教育具有鲜明的时代特征。劳动教育紧跟时代步伐,不断创新教育形式,具有强烈的时代特征。由于人类劳动的方式处在不断演进的过程之中,劳动形态也在不断变化,具体表现为脑力劳动的比重不断增加、新形态的劳动不断形成。劳动教育是以劳动为基础的,劳动所具有的多样化特点成为劳动教育时代性的鲜明印记。这就要求劳动教育要做到"顶天立地",即劳动教育既要体现时代发展方向,也要适应社会发展需求。劳动教育包括引导学生积极参加体力劳动,但又不能狭隘理解为简单的体力劳动锻炼。劳动教育的内容和方式要根据劳动形态的演进而不断完善。在信息时代,学习和生产的形式都发生了质的改变,劳动教育也呈现出新的特点,脑力劳动、探索性劳动、创造性劳动、多样性劳动等成为劳动教育领域的重要内容,需要引起高度重视。

(三)劳动教育的内容

劳动教育是培养青少年运用知识和技能获得精神财富和物质财富的教育实践,根据教育部印发的《指导纲要》,劳动教育的内容主要包括日常生活劳动、生产劳动和服务性劳动中的知识、技能与价值观教育。

1. 日常生活劳动教育。日常生活劳动教育主要是让学生立足个人生活事务处理,结合开展新时代校园爱国卫生运动,注重生活能力和良好卫生习惯的培养,树立自立自强意识,目的是培养学生日常生活所必需的劳动技能和独立生活能力,让学生在个人生活自理中强化劳动自立意识,体验持家之道,这也是学生健康发展、适应社会生活的重要基础。

2. 生产劳动教育。生产劳动是人类社会赖以生存和发展的基础,是人类最基本的实践活动,生产劳动教育体现了教育与生产劳动相结合教育方针的基本要求。在生产劳动教育中,学生在工农业生产过程中直接经历物质财富的创造过程,体验从简单劳动、原始劳动向复杂劳动、创造性劳动发展的过程,掌握相关技术,感受劳动创造价值,增强产品质量意识,体会平凡劳动中的伟大。

3. 服务性劳动教育。服务性劳动教育是培育学生公共服务意识的重要途径。在服务性劳动教育中,学生利用知识、技能等为他人和社会提供服务,在服务性岗位上见习、实习,树立服务意识,实践服务技能。同时,服务性劳动教育还可以让学生在公益劳动、志愿服务中强化社会责任感,使学生具有面对重大疫情、灾害等危机主动作为的奉献精神。

(四)劳动教育的独特价值

劳动教育是促进青少年全面发展、健康成长的教育活动,对培养担当民族复兴大任的时代新人具有重要作用。《关于全面加强新时代大中小学劳动教育的意见》特别强调,劳动教育是国民教育体系的重要内容,是学生成长的必要途径,具有树德、增智、强体、育美的综合育人价值。这一论述清楚地指出了劳动教育的独特价值。

1. 树德价值。品德修养是一个人的立身之本、成才之要,劳动教育是贯彻"立德树人"宗旨的有效途径。在劳动教育中,通过亲历实际劳动过程,学生可以正确理解劳动是人类发展和社会进步的根本力量,懂得劳动创造人、创造价值、创造财富、创造美好生活的道理,尊重劳动,尊重普通劳动者,牢固树立劳动最光荣、劳动最崇高、劳动最伟大、劳动最美丽的思想观念。同时,劳动教育能够让学生在劳动实践中体认劳动精神、锤炼品格和磨炼意志,养成良好的劳动习惯,坚定为中华民族伟大复兴而奋斗的理想信念。

2. 增智价值。劳动是由人的主观意图、思想认识和掌握工具共同进行社会实践的过程,是智力和体力的结合,要想熟练掌握一项劳动技能,必须手脑并用。人在劳动中,大脑指挥手做出各种各样的动作,劳动过程中的不断试错和纠错则促进了大脑的思考,从而促进了智力的不断发展。苏联教育家苏霍姆林斯基认为,"离开劳动,不可能有真正的教育"。劳动教育可以使学生在劳动中将课本上学到的知识用于实践,深化理论知识,更加深入地了解事物的本质,知行合一,进一步提高认知能力和探索能力,促进智力发展,实现以劳增智。

3. 强体价值。劳动是最好的体育锻炼。适当的体力劳动,不仅可以锻炼人的肌肉和骨骼,促进健康发育,还能增加肺活量,改善呼吸系统,促进新陈代谢,优化生理机能,使人充满活力。《关于全面加强新时代大中小学劳动教育的意见》明确指出劳动教育要符合学生年龄特点,以体力劳动为主,注意手脑并用。劳动教育让学生在亲身体验中使身体各方面机能得到充分锻炼和发展,起到强身健体的作用。另外,劳动教育对学生的心理健康有促进作用,劳动可以调节大脑活动,促进学生脑部神经系统的发展,有利于缓解繁重学习带来的压力。

4. 育美价值。劳动不仅创造美好生活,还创造美。人类的审美感受产生于劳动,因为人类的劳动是一种合目的与合规律的审美活动,是最能体现人的本质和审美精神的实践活动。马克思在《1844年经济学哲学手稿》中提出"劳动创造了美"的观点,科学揭示了美的根源在于劳动。劳动教育是学生审美教育的重要载体,可以促进人对本性、自由及审美的追求,实现以劳育美。学生在劳动教育中可以深刻认识和理解劳动之美,激发创新创造潜能,不断增强创造美和欣赏美的能力,提升精神品位和文明素养,主动追求更有高度、更有境界、更有品位的美好人生。

劳动教育除了具有树德、增智、强体、育美的综合育人价值外,还可以与德育、智育、体育、美育互相渗透,互相融合,形成"五育"并举的格局,"五育"融合共同促进学生的全面发展。从最根本的意义上说,没有劳动,没有劳动教育,其他教育都无从谈起。深刻理解和把握劳动教育的独特价值,对深入实施劳动教育、促进学生全面发展意义重大。

三、高校劳动教育

(一)高校劳动教育的内涵

提高学生在思想、文化、政治以及心理等方面的综合素养,培养德才兼备的时代新人,为学生搭建学校与社会有机衔接的基础桥梁是高校的历史使命和神圣职责,这也是高校区别于其他社会组织和其他教育阶段的重要标志。因而,要结合高等教育的特殊性来阐释高校劳动教育的科学内涵。据此,下文认为高校劳动教育的内涵可以从教育对象、教育目的、教育内容和教育形式等四个方面进行阐释。

1.高校劳动教育的对象是以大学生为主要群体。自2018年以后,第一批"00后"开始迈入大学校园,逐渐成为高校大学生队伍中的主体,他们正处于人生成长发展的关键期,人生观、世界观及价值观也还处于"育节拔穗"关键期,也有着区别于其他教育阶段学生的个性特征。因此,高校开展劳动教育要以学生为中心,从顶层设计到具体实践都要结合他们的思想特征、心理需求和实际需要,切实在思想认知上提高他们的科学劳动素养,在实际行动上提升他们的创新创造能力,培养他们成为德智体美劳全面发展的时代新人。

2.高校劳动教育的目的是"为了劳动"的教育,强调为高校大学生未来走向各行各业工作岗位奠定扎实基础,这既是高等教育的独特性所在,也是高校劳动教育的独特之处。现如今,随着经济社会的不断发展和产业结构的调整及转型升级,劳动形态正在发生深刻变革,更加复杂、创造性的劳动日益成为国家发展的重要引擎动力,这也意味着当代社会对大学生的要求更高、更严。因此,为了使大学生更好、更快适应和胜任未来的新岗位、新工作,能在国家需要、社会需要、人民需要的地方发光发热,高校劳动教育要注重引导学生形成正确的择业观与就业观,提高发现、分析、解决实际问题的能力,养成辛勤、诚实及勇于创新的优秀劳动品格。

3.高校劳动教育的内容是"关于劳动"的教育,强调培养大学生的劳动素养,即学生在劳动过程中所具有的劳动意识、知识、技能、行为、态度等多方面综合提升、全面发展的通识教育。与学前和中小学阶段注重培养"爱劳动""会劳动"的基础认知的劳动教育相比,高等教育阶段的劳动教育较为注重"懂劳动"的培养。即在培养大学生树立正确的劳动价值观、热爱并尊重劳动和劳动人民、具有参与劳动的基本能力和积极习惯的基础上,还要全面提高对马克思主义劳动观、劳动伦理、劳动关系、相关劳动政策及劳动法律规范、科学专业知识等相关知识的深刻理解与把握,且能将这些知识科学运用在具体实践中,激发大学生的创新性、创造性能力,能够成为德才兼备、又红又专、全面发展的新时代优秀人才。

4.高校劳动教育的形式是"通过劳动"的教育,强调让学生在生活性、服务性、生产性和创造性等实际劳动中进行锻炼而提升德智体美劳综合素养的教育。具体来说,生活性劳动包括学生个人卫生、寝室内务整理、校园绿化美化维护等方面,旨在培养学生日常生活的自主自理能力,养成积极的劳动习惯;服务性劳动即包括"三支一扶""三下乡""大学生志愿服务西部计划"等社会公益性实践活动,也包括运用自身所学专业知识为普通民众提供免费的专业咨询与服务等服务性劳动,旨在培养学生的公共服务意识和社会责任感;生产性劳动包括实习见习、勤工助学、专业实训等体验式的物质生产性劳动,旨在综合提升学生运用专业知识解决实际问题的能力,加深他们对专业知识的理解和掌握,从简单性到复杂性再到创造性的劳动过程中感悟劳动创造价值、创造美好生活、创造幸福的意义;创造性劳动是高校劳动教育的重点,也区别于中小学教育阶段劳动教育内容的设计,包括创新创业比赛、各类各学科竞赛、技术研发、创客体验等,旨在培养学生的创新思维与创新意识、创造性发现问题与解决问题的能力。

(二)高校开展劳动教育的基本原则

劳动教育作为发展教育的重要组成部分,作为新时代高等教育的重要内容,作为培养全面发展的时代新人的重要一环,也需要在一些基本原则的指导下推进和加强,确保提高高校开展劳动教育的综合育人效果。具体而言,高校开展劳动教育要坚持和把握一致性与多样性相结合、历史继承与创新发展相结合、理论引领与实践探索相结合、学生主体与教师主导相结合等原则。

1. 一致性与多样性相结合的原则。一方面,高校开展劳动教育既要与党和国家发展教育、培养时代新人的整体部署保持一致,又要坚持多元化的教育理念和多样化的教育形式。首先,高校开展劳动教育要始终坚持党对学校的领导,贯彻落实党和国家德智体美劳"五育并举"的教育方针,坚持社会主义办学方向,将立德树人、以人为本的教育理念贯穿劳动教育的始终,培养德智体美劳全面发展的时代新人;其次,高校开展劳动教育要充分考虑地区之间的差异性,不能"整齐划一",要结合学校所在地区政治、经济、文化发展情况和自然环境特点,坚持因地制宜、因地施策,灵活多样地推进和加强劳动教育;最后,高校开展劳动教育要从学校自身实际情况出发,结合本校办学特色、办学规模作适宜本校特点的整体规划部署和顶层设计。

另一方面,具体开展劳动教育既要与高校的整体规划和顶层设计保持一致,又要结合各学院、各学科、各专业、各年级的特点。首先,各个学院中存在不同学科的不同专业,都有着不同的教学背景。因此,开展劳动教育不仅要遵循学校的整体发展规划,也要依据各学科、各专业的特点设计教学内容、教学方式、教学评价、管理机制等;其次,针对不同年级、不同阶段的学生,也要有针对性、层次性地开展劳动教育,以提高劳动教育的综合育人实效。

2. 历史继承与创新发展相结合的原则。劳动教育是一个动态发展的概念,新时代高校开展劳动教育要辩证处理历史继承与创新发展的关系。首先,历史继承是高校劳动教育发展的基础。新时代劳动教育并不是新时代的产物,而是古今中外劳动和劳动教育思想的智慧结晶。不论中国优秀传统文化中蕴含的劳动思想,还是马克思主义经典作家、中国化马克思主义关于劳动和"教育与生产劳动相结合"的思想理论,一定程度上对我国教育事业的发展起着基础的、积极的作用,我们应结合社会的发展诉求和时代赋予的历史使命,取其精华去其糟粕,指导高校劳动教育的不断推进;其次,创新发展是高校劳动教育推进的引擎。一方面,内容的创新。在全面建成小康社会的新的历史阶段,大数据、人工智能等信息技术的高速发展,催生了劳动形态、劳动形式的多元发展,为新时代劳动教育扩充了新的内容。因此,高校开展劳动教育要以新时代为起点,结合企业新业态、产业新业态、劳动新形态等,为"生活性、服务性、生产性"等劳动教育内容增添新的生命力。另一方面,形式的创新。在基础理论知识教学上,既要保留传统的劳动教育教学方式,也要创新教育教学方式,合理利用互联网平台,实现线下线上"双管齐下"的新模式。在实践教学上,新时代的高校劳动教育不是以往"学工""学农"等老路的简单回归,而是要以学校为中心,联动家庭、社会及学生群体,形成"家、校、社、生"等多方融合的教育闭环新形式;也不是通过劳动单纯在体力上"出力流汗",而是要手脑并用,既要有外在的"出力流汗",也要有内在的劳动价值观、劳动精神、劳动技能的涵养、提升、反思和批判。

3. 理论引领与实践探索相结合的原则。理论引领实践,为实践指明正确的方向和道路;实践探索新的理论,为理论赋予新的生命和活力。在宏观层面,高校开展劳动教育要以马克思主义理论为指导。结果证明,在以马克思主义理论为指导,结合国情和实际需要的基础上,我国始终坚持"教育与生产劳动相结合"的教育方针,取得了巨大的发展和举世瞩目的成就。在不同历史时期,"教育与生产劳动相结合"在中国特色社会主义伟大实践中被赋予了新的时代意义、新的内涵、新的目的、新的内容、新的形式等,彰显了马克思主义理论不朽的生命活力,也彰显了马克思主义理论在中国特色办学实践中的正确指导作用。在微观层面上,高校开展劳动教育必须将理论知识教育教学和劳动实践教育教学有机统一起来。一方面,理论知识是学生深刻理解劳动是实现人全面发展的唯一途径的前提,有助于其树立正确的劳动价值观。另一方面,通过劳动实践教育教学,让学生在"生活性、生产性、服务性、创造性"的劳动中亲身体验和感受简单性劳动、复杂性劳动及创造性劳动,强化他们对马克思主义劳动观、劳动价值观的认知、认可、认同,找到自我的价值感和意义感,提高发现、分析、解决问题的能力。

4.学生主体与教师主导相结合的原则。学生主体与教师主导相结合的原则就是打破传统的老师教什么、学生学什么、老师怎么教、学生就怎么学的单边教育教学模式,构建师生相互融合、相互学习的"共同体"新局面。首先,高校开展劳动教育要充分体现学生的主体性,开展劳动教育过程中,不能仅将学生作为接受教育的客体,还要考虑学生作为受教育主体的需要,调动学生的积极性和主动性,让他们亲身参与、亲自设计、共同讨论、相互评价,实现"劳力与劳心"并进、"手和脑"并用的劳动教育;其次,高校开展劳动教育还要重视教师的主导性,教师作为实施和开展教育教学活动的主体,要坚持以马克思主义为核心指导,将"立德树人"贯穿教学活动策划、教学内容设计、教学流程监督、教学评价标准制定等教育教学全方位、全过程,引导学生树立正确的劳动价值观、塑造求真务实、踏实肯干的劳动精神、掌握丰富的劳动理论知识和劳动技能,促进学生的全面发展。此外,教师还要不断探索和学习马克思主义理论知识及专业理论知识,提高自身的理论功底,以及敬职敬业、以生为本的工作态度,为学生答疑解惑的同时,也为学生树立良好的榜样,正向地引导和激励他们坚定马克思主义立场、树立正确的马克思主义劳动价值观、成为能够担当民族复兴大任的时代新人。

（三）高校开展劳动教育的重要意义

作为发展教育的重要组成部分,劳动教育与德育、智育、体育、美育等"四育"不仅有着千丝万缕的紧密联系,即"劳动教育可以树德、增智、强体、育美",还有其独立的地位和独特的育人价值。结合高等教育的特殊性和高校的历史使命来看,新时代高校开展劳动教育至少有以下三方面的重要意义。

1.有助于学生树立正确的劳动价值观。现如今,全面建成小康社会的伟大目标已经实现,更高质量、高层次的生活水平成为人们的追求目标,当下的大学生也有着更加优越的条件、富足的物质,但部分学生出现不珍惜劳动成果、不会劳动、不愿劳动、不爱劳动、不尊重劳动者的现象,盲目追求一夜成名、一夜暴富,以坐享其成、不劳而获为生活追求。因此,帮助大学生树立正确的劳动价值观势在必行。首先,通过劳动教育,帮助学生深刻认识劳动对于人自身的重要作用,即劳动创造了人本身,是人类得以生存和存在的前提,人在劳动过程中得到自我的全面发展;其次,通过劳动教育,让学生全面理解劳动是推动社会发展的根本力量。正是在广大人民群众的辛勤劳动下,创造了财富、创造了美好生活,使中国实现了从建国初期的"百端待举"、到改革开放的"翻天覆地"、再到新时代的"繁荣富强";最后,通过劳动教育,让学生自觉自主地尊重劳动者。劳动面前人人平等,每一位辛勤的、诚实的劳动者都应该得到至高无上的尊敬和关怀。正如习近平总书记所说的:"在我们社会主义国家,一切劳动,无论是体力劳动还是脑力劳动,都值得尊重和鼓励。"

2.有助于学生树立正确的就业择业观。与其他教育阶段不同,高等教育阶段的高校大学生终究是要走出校园、走进职场、走上工作岗位,在"社会人""职场人"的角色中不断实现职业理想与人生价值。随着社会分工越来越细化,社会对人才的需求也越来越专业化,使得人们都能在自己擅长的领域大放光彩,都能在自己的"专属"工作岗位上奋斗幸福。但是,部分大学生在就业择业时不能客观、正确地认识自己的专业所长和能力所在,出现眼高手低、利益优先等不良就业择业观,导致学生出现不想就业、不能就业等情况。因此,需要培养大学生树立正确的就业择业观,让他们合理定位自己和自己的职业发展,找准适合自己的工作岗位。一方面,通过劳动教育,让学生在"生活性""服务性""生产性""创造性"劳动中锻炼自己,不断提高自理、自立能力,不断增强无私奉献精神,不断探寻自己热爱、适合自己的工作岗位,从而愿意就业,同时在劳动实践中不断提高利用专业知识创造性地发现现实问题并能创造性地解决现实问题的能力,使学生不仅愿意就业,还有能力、有本事胜任这份自己喜欢、热爱的工作。另一方面,通过劳动教育,可以消除脑力劳动者地位高尚,而体力劳动者地位卑微的错误思想观念。习近平总书记曾指出:"劳动没有高低贵贱之分,任何一份职业都很光荣。"各行各业,只是社会分工不同,不论做什么工作,在什么岗位职位,都是为了国家繁荣富强、为了社会发展进步、为了人民安居乐业而尽一分力量。

3.有助于学生树立强烈的社会责任感。就新时代大学生的社会责任感而言,就是要求大学生要具备自觉自主地为国家服务、为社会服务、为人民服务的责任意识,能够在国家需要、社会需要、人民需要的地方无私奉献自己的力量。民族复兴、人民幸福的中国梦并不是依靠独立个体就能轻轻松松实现的,而是每个人的责任与担当,必须紧紧依靠和发动广大劳动人民的力量,将个人价值与社会价值有机结合起来,汇聚成共同推进国家事业更进一步的磅礴力量。正是在人类的劳动过程中,人与人之间产生了复杂的社会关系。因此,劳动具有明显的社会性,而劳动的社会性,又证实了人的社会性的存在。就如马克思所言:"人的本质并不是单个人所固有的抽象物,在其现实性上,它是一切社会关系的总和。"

所以,劳动具有社会性,劳动教育是以劳动为逻辑起点的,劳动教育必然也具有明显的社会性。因此,高校开展劳动教育,能够引导学生如何正确地使自己融入社会生活,正确认识个人价值是实现社会价值的基础,而社会价值又是实现个人价值的最终目的,也能够让学生在各种劳动实践活动中进行锻炼和磨炼,全面提高自身的综合劳动素养,成为德才兼备的高素质人才。通过劳动教育,让学生走进社会、走进基层、走进人民群众,让他们在为社会服务、为人民服务的过程中了解社会、了解基层、了解人民的真实情况,激发他们的社会责任感,立志充分利用自身专业所长,在为国家、为社会、为人民的奋斗中探索人生意义,实现自我价值。

第二节 高校劳动教育的新内涵

党的十八大以来,中国特色社会主义进入新时代。新时代之"新",主要是新的时代背景、新的使命、新的挑战和要求。新时代对培养时代新人也提出了新的要求。新时代高校劳动教育,指的是在新时代环境中,不断塑造劳动精神、弘扬劳动文化、培养劳动习惯,帮助人们掌握劳动技能,实现人的全面发展,为国家培养大批杰出卓越的人才,为社会主义现代化建设、为实现中华民族的伟大复兴贡献力量。

一、强化"四最"的劳动观念教育

2013年4月28日,习近平总书记在全国总工会机关同全国劳动模范代表座谈并发表重要讲话,要求"牢固树立劳动最光荣、劳动最崇高、劳动最伟大、劳动最美丽的观念"。2018年4月30日,习近平总书记在给中国劳动关系学院劳模本科班学员的回信中再次强调了"四最"的观点。大学生作为党和国家未来主业发展的主力军,肩负着实现中华民族伟大复兴的时代使命,强化"四最"的劳动观念教育,对于促进大学生增强劳动观念,培养劳动感情,树立正确劳动价值观具有特殊的意义。

(一)科学认识劳动观念教育的重要性

大学生是劳动教育的特殊对象。大学生处于劳动价值观定型的关键时期,在即将走向社会、走上劳动岗位的时间节点,"四最"的新时代劳动观念能够为大学生提供丰厚的道德滋养、巨大的精神力量,也能够为其树立正确的就业观和创新创业观,提高抗挫能力,培育社会责任感打下坚实的基础。当前,社会上还存在"不劳而获""劳而不获"等不正常现象,可能对大学生的劳动价值观造成一定的冲击,如果不加以正确引导,一些大学生就可能被不良社会现象所迷惑,忽视甚至厌恶劳动,看轻甚至反感劳动群众,最终与劳动脱节。新时代大学生劳动教育肩负着重要的世界观培育功能。劳动观决定劳动态度,劳动态度影响劳动者的精神面貌。在大学生中普遍开展"四最"的劳动观念教育,要重点引导他们正确认识劳动,积极参加劳动,乐于与劳动群众打成一片,让他们在劳动中增长知识,提高能力,增进感情。要引导广大大学生深刻理解劳动的本质、价值和方式,认清劳动与社会发展的关系,以科学理性的态度对待劳动、劳动者、劳动方式,进而正本清源,反求诸己,思考如何才能紧跟时代,夯实基础,服务社会,真正成为社会主义事业的建设者和接班人。

(二)切实把"四最"劳动观念教育列为德育工作的重要内容

人的一切优秀品德的形成都与劳动密不可分。在劳动实践中,我们往往会遇到各种各样的难题,解决这些难题,需要发挥主观能动性,在这一过程中,我们的创造能力和实践能力也能得到同步提高。育人先育德,"四最"劳动观念作为一种正确的劳动价值观,只有真正融入德育全过程,才能更加夯实大学生的精神之基,才能提高大学生德育工作的实效性。在高等教育中,只有让大学生懂得劳动是一种光荣、是一种崇高、是一种美丽的道理,他们才会发自内心地热爱劳动,并愿意身体力行去实践;只有让大学生懂得劳动的价值和意义,他们才会在自身发展过程中不断铭记劳动的真谛,并为之努力奋斗;也只有让大学生真正体验劳动过程中的酸甜苦辣,他们才会更加珍惜劳动成果。

(三)塑造正确劳动价值观

劳动教育本质是品质教育,在于培养劳动价值观。新时代高校劳动教育目的在于培养大学生劳动观念,增强劳动意识,提升劳动能力,激发劳动热情,从而树立正确的劳动价值观。劳动实践是培养正规劳动观念的基本途径,通过劳动实践,才能让"四最"劳动观念绽放出绚丽的色彩,在潜移默化中真正融入大学生的精神世界。新时代高校劳动教育,使学生真正具备满足生存发展需要的基本劳动能力,形成良好的劳动习惯。新时代劳动教育以立德树人为目标,核心指向是提升学生的劳动素养,实现劳动在树德、增智、强体、育美方面的独特价值。在正确塑造劳动价值观和良好劳动习惯的同时,还要注重劳动知识技能的传授,科学设立劳动教育课程,确立劳动教育要求,健全劳动素养评价制度,广泛开展劳动教育实践,切实提升学生在个人发展和贡献社会方面的基本劳动能力。通过劳动教育,实现以劳促全,锤炼学生的道德品格,提升学生的思维能力,增进学生的身体健康,培养学生的审美情趣。在劳动教育中,教师还要对学生进行适时适当的指导,并针对劳动教育内容进行总结,让学生的劳动热情不断焕发,劳动知识不断丰富,劳动技能不断提高,创造性劳动潜能进一步释放。也只有这样,才能筑牢劳动观念之基,让正确劳动价值观入脑入心,进而强化对劳动教育的认同,提升劳动教育的效果。

二、强化辛勤劳动的劳动态度教育

态度是培养良好劳动习惯的前提和基础。劳动教育就是要使大学生树立正确的劳动观点和劳动态度,热爱劳动和劳动人民,养成良好的劳动习惯。培养大学生良好的劳动态度是当前高校劳动教育的内在需要。当前,大学生大多出生于物质条件较好的家庭,对劳动的艰辛、生活的不易等缺乏直观感受。2016年4月,习近平总书记在安徽合肥主持召开知识分子、劳动模范、青年代表座谈会并发表重要讲话,希望广大青年"要坚持艰苦奋斗,不贪图安逸,不惧怕困难,不怨天尤人,依靠勤劳和汗水开辟人生和事业前程"。美好生活靠劳动创造,实现中华民族伟大复兴的中国梦,需要一代又一代有志青年接续奋斗。强化辛勤劳动的劳动态度教育,引导大学生树立辛勤劳动的劳动态度,具有非常重要的现实意义。

(一)加深大学生对于辛勤劳动的认识

勤劳是中华民族的优良传统,我们的祖先靠着勤劳创造出灿烂的中华文明。随着时代的发展,物质条件的改善,生活水平的提高,有些人价值观也随之发生了改变,认为勤劳已经过时,依靠朝九晚五的日常工作便能满足基本需要,甚至大数据时代只需要动脑就能够获取丰厚回报,"佛系""啃老"等对大学生价值观可能造成的负面影响需要引起高度重视。幸福都是奋斗出来的,勤劳美德无论何时都不会过时。习近平总书记指出:"全社会都要以辛勤劳动为荣、以好逸恶劳为耻,任何时候任何人都不能看不起普通劳动者,都不能贪图不劳而获的生活。"当前,面对科学技术的突飞猛进,勤劳已经不能单纯等同于体力劳动,而是更多地体现为脑力劳动与体力劳动的有机结合。高校劳动教育既要引导学生树立起不畏惧困难、一往无前、辛勤劳动的劳动态度,也要引导学生树立起改革推动进步、创新提升效益的劳动观念。

(二)培养大学生勤奋刻苦的学习态度

学习本身就是一种劳动,是学生付出体力与脑力获取知识的过程。

学习是大学生的天职,高校要引导大学生勤奋学习、刻苦学习、创新学习。勤能补拙,勤奋刻苦的学习态度是进步的重要因素。高校在劳动教育中,要使学生认识到认真刻苦学习,不仅能够不断增进自身的知识储备、提高文化涵养,更是一个锻造人格、锤炼自我的过程,只有这样才能适应社会不断发展的要求。同时,通过刻苦学习所获的知识和技能,是对学生劳动的回报,又能够更加激发学生的学习兴趣和热情。高校要高度重视学生的需求,积极营造刻苦学习的氛围,褒奖热爱学习、刻苦学习的优秀大学生,树立典型模范并大力宣传,培育优良校风学风。

(三)增加大学生从事体力劳动的机会

在大学生的劳动教育实践中,可以综合运用多种教育方式,增加从事体力劳动的机会,让身体回归到劳动教育中,这样既可以使劳动理论学习实践化,还能够增进劳动教育的现场感、体验感、参与感,进一步发挥体力劳动在劳动教育中的基础作用。在不耽误学习的情况下,学校可以采用校园保洁包干到班、分配校园种植地、认领"责任田"等方式,还可以采用下乡、下厂等途径,适时适量参加一线生产活动,给高校学生增加体力劳动的机会,从中获得劳动锻炼。还可以建立健全适合大学生的褒奖制度,采取"第二课堂学分""素质拓展学分"等多种多样的方式,与学生个人评奖评优相结合,更好地调动大学生参与体力劳动的积极性、主动性。

(四)发挥劳动模范的典型示范作用

2013年4月28日,习近平总书记在同全国劳动模范代表座谈时指出:"长期以来,广大劳模以平凡的劳动创造了不平凡的业绩,铸就了爱岗敬业、争创一流、艰苦奋斗、勇于创新、淡泊名利、甘于奉献的劳动精神。"劳动模范是劳动群众的杰出代表,是最美的劳动者。劳动模范身上体现的"爱岗敬业、争创一流,艰苦奋斗、勇于创新、淡泊名利、甘于奉献"的劳动精神,是伟大的时代精神的生动体现。劳动模范所展现的精神风貌是中华民族宝贵的精神财富,是新时代建设美好生活的强大精神动力。榜样的力量是无穷的。高校要发挥好劳动模范的示范作用,可以聘请他们来校担任兼职劳动教师,充分发挥劳模的榜样激励和示范作用。此外,还可以举办"心中劳模分享会""劳模和我共成长"等主题党日、主题团日活动,加强典型引领,从先锋模范的真实事迹中培养对辛勤劳动者的真挚情感,为大学生树立成长的标杆,引导大学生崇尚劳动、尊重劳动,懂得劳动"四最"观念。

三、强化诚实劳动、人本关怀、家国情怀的劳动品德教育

劳动品德是人们在劳动过程中所表现出来对他人、对社会的比较稳定的心理特征或心理倾向,是对集体主义精神的形象诠释,直接反映出人的思想境界。当前,社会上还存在损人利己、唯利是图、损公肥私、不讲信用等道德

失范的现象,可能对大学生劳动品德的养成造成不良影响,需要通过强化诚实劳动、人本关怀、家国情怀等劳动品德教育,引导大学生健康成长。

（一）强化诚实劳动教育

2013年4月28日,习近平总书记在同全国劳动模范代表座谈时强调指出:"人世间的美好梦想,只有通过诚实劳动才能实现;发展中的各种难题,只有通过诚实劳动才能破解;生命里的一切辉煌,只有通过诚实劳动才能铸就。"诚实是一种美德,是社会主义核心价值观个人层面的重要内容,诚实劳动坚持了实事求是的唯物主义原则,使我们的劳动闪耀着最光荣、最崇高、最伟大、最美丽的光辉。诚实劳动彰显了我们每个人辛勤劳动为社会做出的贡献,把不同的劳动者联系起来,是共同创造社会财富的基础和纽带。诚实劳动,是指劳动者以积极、实干、诚信的态度为他人和社会提供产品服务,基本要求是合法合理劳动,表现为劳动者在不违背法律法规伦理的前提下从事的劳作,具有至真性、共享性、至善性等特点。高校要引导大学生牢固树立诚实劳动理念,在法律法规、校纪校规允许的范围内从事各种有益于社会发展的体力和脑力劳动,实事求是地认识和对待自己的劳动过程和劳动成果,坚决摒弃不劳而获、投机取巧、眼高手低、驰于空想、骛于虚声、坑蒙拐骗、偷工减料等不良思想观念,以实实在在的劳动创造劳动成果,收获劳动果实。

（二）强化人本关怀教育

人本关怀是对于人性的关注和理解,从人的自身需求、人的欲望出发,满足人的需求,维护人的利益。强化人本关怀指的是要加强对劳动主体的认同和尊重,尊重劳动者,尊重劳动创造,尊重劳动成果。新时代大学生劳动品德教育要凸显"尊重劳动者"的人本关怀。高校在劳动教育中,要教育广大大学生正确地认识新时代社会劳动领域和劳动群体发展的新势态,由衷尊重劳动和劳动者,特别是尊重体力劳动和体力劳动者,为建构一个所有"劳动者参与发展、分享发展成果的"公平正义的社会而奋斗。"谁知盘中餐,粒粒皆辛苦""一粥一饭,当思来之不易;半丝半缕,恒念物力维艰",任何劳动成果都是人体力脑力付出所得,都应该得到尊重。要使大学生充分认识当代社会劳动领域和群体发展的新态势,增强对劳动的情感,在实践中培养学生劳动品格,构建劳动教育的良好人文氛围,让学生真正理解习近平总书记"劳动没有高低贵贱之分,任何一份职业都很光荣,任何时候任何人都不能看不起普通劳动者"的深刻内涵。

(三)强化家国情怀教育

"家国情怀"是中国优秀传统文化的基本内涵之一,是主体对共同体的认同表现,高校劳动品德教育要强化家国情怀这一家与国共同发展的思想和理念。劳动与家国情怀之间的关系是相辅相成的,对于百姓而言,劳动创造财富,通过辛勤劳动、建设幸福美满的小家、积累物质基础、营造和谐稳定的氛围,形成人人劳动的理想状态,减少犯罪等影响社会和谐的事件发生。对于国家而言,劳动实现国家富强,人民幸福。实现"两个一百年"奋斗目标,根本上靠劳动、靠劳动者创造。党的十八大以来,习近平总书记多次强调"空谈误国,实干兴邦"。"实干兴邦"的家国情怀是实现中国梦的实践基础,祖国的发展和富强离不开每个人的劳动,民族的复兴需要每个人的奋斗。新时代大学生劳动品德教育要培育"实干兴邦"的家国情怀。当代大学生是进取有为的一代、是愿意努力奋斗的一代,但在利益分化加剧、利益格局日趋多元化的今天,不少大学生的进取与奋斗往往带有明显的自我本位特点,他们更加强调通过奋斗实现个人发展,对自己应尽的社会义务与责任则考虑不太周全。当前,高校劳动教育要切实强化家国情怀教育,引导学生将个人职业理想与国家发展相结合,积极引导学生自觉把人生理想、家庭幸福融入国家富强、民族复兴的伟业之中,把个人梦与中国梦紧密相结合。

四、强化劳动知识和劳动技能教育

高校要加强对学生的劳动知识和劳动技能的教育,为其全面提升劳动素质打下坚实基础。人类在总结规律、创新知识的过程中形成了劳动哲学、劳动伦理学、劳动文化学、劳动社会学、劳动教育学等一系列"劳动+学科"。这些学科不仅加深了人们对劳动问题的理论研究,提升了高等教育水平和劳动人才培养质量,也拓宽了学生的知识维度,有效提升了学生对劳动多学科、多维度的认识,使学生学到分析解决劳动问题的本领,增强劳动观念、提升劳动技能。劳动技能教育是使学生初步掌握基本的劳动技术知识和技能,培养学生正确的劳动观点,形成良好的劳动习惯的教育。通过劳动技能教育,使学生学到一定的基本生产技术知识和某种职业技术的基础知识,使学生参加一定的生产劳动实践,学会使用一些生产劳动工具的技能,促进学生身心的健康发展。高校劳动教育区别于中小学劳动教育最重要的一点,是其需要进行专业实习、毕业实习,在实现形式上,可以将技能教育明确列入教学计划,安排学生参加校内工厂、农场或校外挂钩单位的生产劳动,可以安排学生参加校内外服务性劳动和公益劳动,可以结合生产的实际,进行生产劳动技术知识的教学,可以组织学生参观工农业现场的生产劳动,可以指导学生开展课外科技学习小组活动等。

(一)加强生活中的劳动知识和劳动技能教育

社会主义大学培养的是社会主义建设者和接班人,大学生不仅要在德智体美上成为优秀的时代新人和未来实现中华民族伟大复兴中国梦的主力军,也必须从劳动中体验生活的本质,了解社会责任,明确奋斗方向。日常生活劳动是劳动教育的重要内容。高校可以根据不同层次、类型学生的特点,将社会劳动体验与家务劳动贯穿全过程,既突出劳动价值观念的培养,也重视劳动知识和劳动技能的提升,使学生尊重劳动,崇尚奋斗,强调身心参与,注重手脑并用。生活中的劳动知识和劳动技能教育是多方位参与的教育。高校是立德树人的重地,理应成为对学生进行日常生活劳动教育的主阵地;父母是孩子最好的老师,家庭是传授日常生活劳动知识和劳动技能的第一站;社会为学生成长成才提供外部环境,是对学生进行日常生活劳动教育的重要部分。高校要加强家—校—社的协调配合,构建起多元立体的日常生活劳动教育格局:一是加强养成教育,注重在学生个人生活自理中强化劳动自立意识,体验持家之道,培养勤俭、奋斗、创新、奉献的劳动精神,培养服务社会、服务他人的奉献情怀和服务意识,培养通过劳动提高生活品质和生活品位的精神境界;二是引导家长转变观念,发挥家庭在劳动教育中的基础作用,组织教育学生在衣食住行等日常生活中参加劳动,自己事情自己做,家里事情一起做,积极参与孝亲、敬老、爱幼等方面的劳动,弘扬优良家风;三是积极吸引社会力量参与学生日常生活劳动教育,充分发挥企事业单位、社会组织的作用,利用其知识、技能、工具、设备等方面的优势,为学生搭建多样化公益劳动平台,让学生在公益劳动、志愿服务中强化社会责任,培养良好的社会公德。

(二)加强生产中的劳动科学知识和劳动技能教育

生产劳动教育使学生亲历工农业生产等创造过程。加强生产中的劳动科学知识教育,可使学生掌握一定的知识、生产经验和劳动技能,感受劳动创造价值、劳动创造幸福的深刻内涵。具体来说,本科层次高校可以结合学科专业开展生产劳动和服务性劳动,在提升创新创业能力、提升科研创新能力中提升劳动技能,树牢劳动意识,强化劳动观念。职业院校要注重职业荣誉感和工匠精神的培育,倡导半工半读,提高劳动技能。高校要在课程设置中适当增加劳动技能课程,切实提升学生动手能力,提升解决实际问题的能力。高校还应加强劳动安全知识教育,引导学生自觉树立安全意识,在精神上远离安全隐患。通过一系列安全知识培训,了解劳动安全防护体系,掌握相应的应急处理方法,在劳动过程中遇到危险时,能保护自己并及时进行自救。此外,高校还可加大与地方政府、周边社区、产业园区等的合作,有效整合各类社会劳动教育资源,构建优势互补、协同发展的校内外多元劳动教育实践教学平台,发挥好技术技能支持作用,对于加强生产中的劳动科学知识教育,极具意义。

第三节 高校劳动教育的新定位

中国特色社会主义进入新时代,高校劳动教育内涵发生了深刻的变化,劳动教育的地位、目的、方式方法、长效机制等方面也要求适应新的要求,实现新的定位。

一、劳动教育地位的重新定位

长期以来,党和国家将劳动教育置于极为重要的位置,制定了一系列政策,出台了一系列文件,"教育与生产劳动相结合"是党的教育方针的重要内容。1949年9月,中华人民共和国成立前夕,具有临时宪法性质的《中国人民政治协商会议共同纲领》,把"爱劳动"与"爱祖国""爱人民""爱科学""爱护公共财物"并列为中华人民共和国全体国民的公德。1957年,毛泽东同志在《关于正确处理人民内部矛盾的问题》中明确提出:"我们的教育方针,应该使受教育者在德育、智育、体育几方面都得到发展,成为有社会主义觉悟的有文化的劳动者。"1995年颁布的《中华人民共和国教育法》规定:"教育必须为社会主义现代化建设服务,必须与生产劳动相结合,培养德、智、体等方面全面发展的社会主义事业的建设者和接班人。"此后,党和国家的教育方针不断发展完善,更加注重与生产劳动和社会实践相结合,党的十六大、十七大报告均提出"培养德智体美全面发展的社会主义建设者和接班人"的目标,在"德智体"的基础上增加了"美"。

中国特色社会主义进入新时代,新时代教育服务功能也发生了新变化,我国高校教育发展方向要同我国发展的现实目标和教育的未来方向紧密联系在一起,特别是高等教育要承担起"为人民服务、为中国共产党治国理政服务,为巩固和发展中国特色社会主义制度服务,为改革开放和社会主义现代化建设服务"。习近平总书记对高等教育"三个服务"的重要论述,赋予劳动教育极其重要的历史地位和使命,为新时代我国高校劳动教育提供了根本遵循。党的十八大以来,习近平总书记准确把握新时代的历史方位,对劳动教育做出了一系列重要论述。2013年,在同全国各族少年儿童代表共庆"六一"国际儿童节时的重要讲话中,习近平总书记要求少年儿童从小就要立志向、有梦想、爱学习、爱劳动、爱祖国。2014年,习近平总书记在乌鲁木齐同劳动模范和先进工作者、先进人物代表座谈时强调,要通过各种措施和方式,教育引导广大青少年牢固树立热爱劳动的思想、养成热爱劳动的习惯,为祖国发展培养一代又一代勤于劳动、善于劳动的高素质劳动者。2015年,习近平总书记在庆祝"五一"国际劳动节暨表彰全国劳动模范和先进工作者大会上指出:"要教育孩子们从小热爱劳动、热爱创造,通过劳动和创造播种希望、收获果实,也通过劳动和创造磨炼意志、提高自己。"2018年,习近平总书记在全国教育大会上要求把劳动教育纳入培养社会主义建设者和接班人的总体要求之中,明确提出构建德智体美劳全面培养的教育体系。2019年,习近平总书记在学校思想政治理论课教师座谈会上强调,要努力培养担当民族复兴大任的时代新人,培养德智体美劳全面发展的社会主义建设者和接班人。习近平总书记对劳动教育提出的一系列新理念新思想新观点,立意深远,思想深邃,凸显了劳动教育在新时代教育体系中的重要地位,系统回答了新时代劳动教育一系列方向性、全局性、战略性重大问题,进一步推动了新时代劳动教育回归初心、回归育人,具有重大的时代价值和鲜明的现实针对性,是对马克思主义教育观、劳动观的重大发展,是新时代党对劳动教育的根本要求。

2020年3月20日,中共中央、国务院发布的《关于全面加强新时代大中小学劳动教育的意见》指出,劳动教育是中国特色社会主义教育制度的重要内容,直接决定社会主义建设者和接班人的劳动精神面貌、劳动价值取向和劳动技能水平。2020年7月7日,教育部印发《大中小学劳动教育指导纲要(试行)》,重点针对劳动教育为什么、是什么、教什么、怎么教等问题,在劳动教育的性质、目标、内容、途径、评价、保障等方面,提出了明确、具体的要求。

这些充分体现了党中央、国务院对劳动教育的高度重视和殷切期望，凸显了全面加强新时代大中小学劳动教育的重要性和紧迫性，从而把劳动教育上升到前所未有的高度，开启了新时代劳动教育新篇章。

二、劳动教育目的的重新定位

虽然我国在劳动教育方面开展了许多有益的探索，积累了许多有益的经验，但不容否认的是，以往劳动教育存在学校中被弱化、家庭中被软化、社会中被淡化的现象。从学校看，劳动教育往往是"有教无劳""有劳无教"，变成了"说起来重要，做起来不要"，劳动教育被边缘化。从家庭看，家庭教育淡化，一些家长认为劳动影响学习，较少让孩子做家务，间接导致个别孩子轻视劳动。从社会看，个别人的劳动观念出现偏差，"重学历、轻技能"，轻视体力劳动的现象不同程度存在。当前我们比历史上任何时期都更接近中华民族伟大复兴的目标，同时比以往任何时候都更迫切需要提高广大劳动者素质，比以往任何时候都更迫切需要构建完善的劳动教育体系。新时代高校劳动教育肩负起培养担当民族复兴大任时代新人的责任，其根本目的就是要实现以"劳"促进德智体美全面发展，以"劳"培养一代又一代全面发展的社会主义建设者和接班人。从这一点来看，新时代高校劳动教育有了新目标，有了新使命，在劳动教育目的上有了新定位。

劳动教育的核心价值是以劳促全。培养时代新人，高校必须把劳动教育放在更加突出的位置，建立完善体现时代特征的劳动教育体系，以劳促进德智体美全面发展、协同育人，这既是对马克思主义教育思想的继承和发展，也是对新时代中国特色社会主义教育制度的坚持和完善。高校要以贯彻落实《关于全面加强新时代大中小学劳动教育的意见》为契机，全面加强劳动教育，系统构建德智体美劳全面培养的教育体系，使劳动成为大学生全面发展最鲜亮的底色，努力培养更多能够担当民族复兴大任的时代新人。从具体层面来看，高校劳动教育目的以普及劳动科学理论、基本知识和提升劳动技能为教育的主要内容，以讲清劳动道理为教育的着力点，让大学生通过对劳动的基本理论学习,深刻认识人类劳动实践的创造本质,深入理解劳动对于立德树人的重大意义,深切感悟和领会习近平总书记反复强调"四最"的深刻道理及其重大意义,从而真正树立起尊重劳动、尊重知识、尊重人才、尊重创造的意识。

实现新时代高校劳动教育,应坚持"知行合一"的基本原则。从教育的视角来看,"行"指学校开展的具体劳动实践活动,目的是使学生亲临劳动实践场所,体验劳动的真切感受。"知"则指通过课堂教学环节,使学生掌握关于劳动的知识。"格物致知",贵在明理。在劳动实践活动中的直接体验固然重要,但获得劳动体验绝非劳动教育的终极目的,最终目的在于对劳动道理的感悟,对劳动知识的科学把握。高校学生作为社会生产实践的"准劳动者"和后备力量,要爱劳动、会劳动,更要懂劳动,"明劳动之理"。

三、劳动教育方式方法的重新定位

中华人民共和国成立以来,劳动教育不断受到重视,却一直未能真正内化为国民教育体系的有机组成部分,主要原因在于劳动教育方式方法缺乏准确定位,诸如在学科建设上,劳动科学相关学科散布于各个学科门类或一级学科中,学科地位与其重要性不相称。同时,专业化的劳育师资培养乏力、劳动教育方法缺乏创新性、劳动教育理论与实践相脱节等。

习近平总书记在学校思想政治理论课教师座谈会上的讲话中强调,德育工作要"坚持显性教育和隐性教育相统一,挖掘其他课程和教学方式中蕴含的思想政治教育资源,实现全员全程全方位育人"。加强高校劳动教育,既要强化显性教育,传授与大学生就业和职业发展息息相关的劳动科学知识,又要深化隐性教育,深入开掘专业教育、思政教育和各类"第二课堂"活动中的劳育资源。新时代高校劳动教育应推动教育方式方法的创新,在多样化发展的过程中系统建构课程、思政、专业、实践"四位一体"的劳育育人体系。

一是"课程劳育",专门开设劳动教育必修课程,如"劳动科学概论"或"劳动概论"。大中小学劳育应是爱劳动、会劳动、懂劳动的三部曲。与中小学生相比，大学生在爱劳动、会劳动的同时，还应懂劳动，"明劳动之理"。《关于全面加强新时代大中小学劳动教育的意见》规定，根据各学段特点，在大中小学设立劳动教育必修课程，系统加强劳动教育。要整体优化学校课程设置，将劳动教育纳入中小学国家课程方案和职业院校、普通高等学校人才培养方案，形成具有综合性、实践性、开放性、针对性的劳动教育课程体系，向大学生系统介绍劳动法律、劳动关系、劳动经济、劳动社会保障、劳动安全、职业卫生等各门劳动科学基础知识。

二是"专业劳育"，把劳动教育融入大学生的专业课程学习与实习实训。《关于全面加强新时代大中小学劳动教育的意见》规定，除劳动教育必修课程外，其他课程结合学科、专业特点，有机融入劳动教育内容。要在专业课程中强化本专业劳动伦理和劳动价值教育，构建具有本专业特色的劳育价值体系；要在实习实训中强化劳动知识和技能训练、劳动权利和责任教育、劳动情感和态度培养、全面培育劳动精神；要在课程建设上挖掘本专业大国工匠、劳动模范等特色资源，开展劳育特色专业课程。

三是"思政劳育"，把劳动教育融入思想政治教育。要特别强调用好思想政治理论课堂这个主渠道、主阵地，形成德育、劳育协同效应。比如，在"马克思主义基本原理概论"中强化劳动经典解读，深化马克思主义劳动价值观教育；在"毛泽东思想和中国特色社会主义理论体系概论"中加入习近平总书记关于劳动问题重要论述的阐释；在"形势与政策"中加入当前劳动力市场的分析与发展展望；在"思想道德与法治"中结合工匠精神内容，强化劳动观念、劳动意识的培养。

四是"实践劳育"，把劳育融入广阔的第二课堂活动中。全面推进劳动教育与大学生社会实践和志愿服务、创新创业教育、职业生涯教育、就业指导、产教研融合及校园文化的结合，通过形式多样的劳动实践活动，在提高大学生综合素质的同时，引导他们懂得并由衷认可劳动最光荣、劳动最崇高、劳动最伟大、劳动最美丽的道理。

四、劳动教育长效机制的重新定位

《关于全面加强新时代大中小学劳动教育的意见》明确指出,劳动教育是中国特色社会主义教育制度的重要内容,要全面贯彻党的教育方针,坚持立德树人,把劳动教育纳入人才培养全过程,贯通大中小各学段,贯穿家庭、学校、社会各方面,把握育人导向,遵循教育规律,创新体制机制,注重教育实效,实现知行合一,促进学生形成正确的世界观、人生观、价值观。高校要结合新时代党对劳动教育的新要求和高校人才培养目标,直面劳动教育在落实落细过程中普遍存在的问题和瓶颈,主动适应新时代高校劳动教育需要,建立健全常态长效的运行机制。

(一)完善课程育人机制

高校要加强劳动教育课程建设,不断提高教学质量、增强学生的本领,在劳动教育课程体系建设中,要注意学科内容的与时俱进、形式的多样性、目标的科学性,要做相应的实践调查,了解社会和个人的发展需要,加强与用人单位的联系及合作,制定出符合需求的目标和内容体系;要注意借鉴其他学科的经验,在实践中发现问题、不断完善,同时也要将劳动教育融入其他学科建设中,增强和巩固学科的育人效果:一是完善课程系统设置,明确劳动教育在"五育"并举教育体系中的定位,将劳动教育融合于学校综合教学中,并将劳动教育基础课程纳入高校必修类课程,设置必修课学分,同时要注重打造精品课程和特色课程,供学生有选择性地学习。统筹劳动教育与专业教育和职业教育的关系,使高校教育内涵更加丰富、更加殷实。二是加强师资队伍建设,培育与引进并举,优化劳动教育专任教师队伍结构,既为学生提供专业理论指导,又指导学生参与劳动实践。三是创新教学方式,将地域特色融入劳动教育,聘请当地手工艺人或非物质文化遗产传承人参与授课,带领学生参与生产劳动,增强课程趣味性,延伸劳动教育知识广度,激发劳动教育学习热情。

(二)完善全员育人机制

新时代高校育人体系中蕴含着丰富的劳动教育元素,高校育人主体要结合立德树人工作实际充分挖掘劳动教育资源,统筹推进"十大"育人体系和育人育才机制,实现全员全方位全过程的劳动育人:一是发挥专业课教师主体作用,挖掘课程育人、科研育人、实践育人等维度的劳动教育资源。高校要积极挖掘学科教学中的劳动教育元素,适应新时代特征建构劳动教育课程体系,引导学生主动参与社会调研、田野调查、实操实训、教育实习、采风创作等实践课程,加强专业教育中劳动技能训练,增强学生参与劳动的自觉性与主动性,实现专业教育与劳动教育的有机融合。二是发挥思想政治工作队伍主体作用,提升文化育人、心理育人、资助育人、网络育人等维度的劳动教育实效。思政课教师、团学干部、辅导员承担着重要的育人使命,是培养德智体美劳全面发展的时代新人,贯彻落实《关于全面加强新时代大中小学劳动教育的意见》的直接引导者、谋划者和推动者。高校要搭建多角度、广覆盖的劳动实践平台,设立更多与学科专业和能力提升紧密结合的勤工助学岗位,完善"双创"教育体系,拓展"双创"教育空间,提供更多创新创业机会,引导大学生自觉自愿参与劳动实践,培养劳动情怀、劳动意识和奉献精神。三是发挥行政教辅后勤人员主体作用,强化组织育人、管理育人、服务育人等维度的劳动教育保障功能,加强劳动教育的保障体系建设,为师生提供优质高效服务。

(三)完善实践育人机制

劳力劳心,亦知亦行,高校要积极打造学以致用的实践平台,着力完善劳动实践育人机制:一是理顺实践的主客体关系。学生是接受劳动教育的主体,高校要充分尊重和了解他们的劳动需求与愿望,有所分类有所侧重地进行安排和指导。用人单位或实践平台是劳动教育的客体,要为学生提供实践机会和创造良好环境,给予悉心指导,并根据实践效果及时调整实践计划。二是丰富实践内容。高校的劳动实践要区别于其他阶段,落脚于引导青年将劳动实践能力发挥到未来的工作岗位当中,除传统意义上的劳动内容的实践,还要让劳动教育与职业教育内容纵向贯通,横向连接,服务社会发展建设。三是创新实践方式。可以结合办学优势和专业特色,分层分类,落细、落小、落实,依托学校校内外实践、实训平台,有导向地为学生参与劳动教育实践"搭桥铺路",真正实现"走出去,请进来"。可依托志愿服务活动、"三下乡""牵手乡村教育"等,引导广大学生走向四面八方,走入生产一线,积极参加劳动实践,使其实践能力得到增强,思想和灵魂受到洗礼,职业素养和业务能力得到提升。

第二章 高校劳动教育的内容体系

第一节 劳动观念

劳动观念的养成是新时代高校劳动教育内容体系的第一个维度,也是所有劳动教育内容中最核心的要求。我国教育发展进入了新的历史时期,作为新时代的大学生,要树立和形成正确的劳动观念,对培养社会主义建设者和接班人具有重要意义。2013年4月,习近平总书记在同全国劳动模范代表座谈时的讲话中强调:"劳动是推动人类社会进步的根本力量。"2020年3月,中共中央、国务院发布的《关于全面加强新时代大中小学劳动教育的意见》指出:"通过劳动教育,使学生能够理解和形成马克思主义劳动观,牢固树立劳动最光荣、劳动最崇高、劳动最伟大、劳动最美丽的观念。"劳动作为每位公民所拥有的光荣义务与权利,要克服错误的思想倾向,明确"劳动是人类的本质活动",并自觉地接受劳动锻炼与劳动教育,在劳动实践中不断追求幸福感,并始终坚信劳动会养成一个人良好的道德素质。因此,劳动观念养成是新时代高校劳动教育的核心内容,要将树立正确的劳动意识,养成良好的劳动习惯,形成尊重劳动、崇尚劳动、热爱劳动的劳动态度,以及培育大学生"四最"导向的劳动价值观作为劳动教育内容体系中的首要内容,以实现全面提升学生的劳动素养。

一、正确的劳动意识与良好的劳动品德

树立大学生正确的劳动意识、养成良好的劳动品德是全面提升新时代大

学生劳动素养的内在要求,是新时代高校劳动教育实施的首要内容。劳动意识与劳动品德两者之间呈现相辅相成相互促进的样态关系,唯有具备良好的劳动意识,才能养成良好的劳动品德。培养大学生的劳动意识是对劳动的思想认识,并直接决定着劳动者的情感态度、价值判断以及行为选择,使其在该意识支配下形成热爱创造、热爱劳动等心理活动。劳动习惯则是个体在长期劳动实践过程中所养成的尊重劳动、热爱劳动的行为方式。2015年,在庆祝"五一"国际劳动节暨表彰全国劳动模范和先进工作者大会上,习近平总书记强调:"中华民族是勤于劳动、善于创造的民族。正是因为劳动创造,我们拥有了历史的辉煌;也正是因为劳动创造,我们拥有了今天的成就。"劳动是人类有目的、有意识的活动。正是在这种意识的支配下,人的劳动既能获取某种劳动财富与劳动报酬,满足于人的精神与物质需求,而且也能够使人身心愉悦,促进人的身体健康发展,以此来满足自身的需求,故劳动意识逐渐被强化。现阶段,大学生对自身内心的认识往往存在模糊性,对真实世界的认识也是表象的,而揭开问题的钥匙之一就是劳动,每位大学生只有通过劳动教育才能逐渐建立正确的世界观、人生观以及价值观,这对于塑造大学生的劳动观念、培养大学生的劳动意识与劳动品德具有重要意义。

(一)劳动意识方面

观念是行为的先导,大学生的劳动意识并非与生俱来,良好的劳动意识是通过学习获得的,而非自发生成的。一方面,让大学生明白"劳动是财富的源泉,也是幸福的源泉"的道理,在劳动创造中"把自己的理想同祖国的前途、把自己的人生同民族的命运紧密联系在一起,扎根人民,奉献国家";鄙视"不劳而获""少劳多获"的投机思想,正确认识新时代劳动的复杂性与多样性,由衷认同"劳动没有高低贵贱之分,任何一份职业都很光荣"的道理。另一方面,需要借助一定的教育手段和教育方式,将劳动教育与思想政治教育、家庭教育相融合,大力宣传大国工匠、劳动楷模等先进人物案例与事迹,激发大学生创新劳动、主动劳动、勤劳勇敢、自强不息等劳动情感,在精神层面对大学生产生升华与引领作用,从而使大学生真正明确劳动是实现人类全面而自由发展所必需的实践活动,更是促进社会进步与发展的根本途径。

(二)在劳动品德方面

良好的劳动品德不仅是一个人劳动精神的外在体现,更是成为一个幸福劳动者所需要的,通过劳动和创造播种希望、收获果实、磨炼意志以及提升能力。大学生高尚的心灵是在劳动中培养起来的,要使大学生多参加劳动。因此,高校要通过实施系统化与科学化的劳动教育,着力矫正学生中存在的眼高手低、轻视劳动、逃避劳动的现象,矫正"凡事皆可代、万物皆可买"的"消费主义"思维,从打扫寝室卫生、清洁实训现场等点滴小事做起,从自我生活劳动做起,有目的、有计划地在系统的文化知识学习之外组织学生参加日常生活劳动、生产劳动和服务性劳动,引导学生在积极参与劳动实践中锤炼意志品质、增长本领才干,从而养成良好的劳动品德。①

二、尊重劳动、崇尚劳动与热爱劳动的劳动态度

培养大学生积极的劳动态度既是大学生认识与实践辛勤劳动、创造性劳动行为的前提与基础,也是新时代高校劳动教育的重要内容。大学生的劳动态度是指大学生从事劳动的动机以及在劳动中的行为价值,即大学生对劳动的认识和以此为指导所采取的行动。在新的历史时期,培养大学生积极的劳动态度就是要消除大学生对劳动的偏见与怠慢的态度,形成劳动最光荣、劳动最伟大的价值观念与尊重劳动人民、珍惜劳动成果的积极态度,进而尊重劳动、崇尚劳动与热爱劳动。

(一)在尊重劳动方面

从历史发展脉络上看,尊重劳动是被不断强化的。从古代的"勤劳并行",到近代"劳工神圣",再到现代"劳动最光荣"的理念倡导,时刻彰显着我

---

① 孟庆东. 论新时代高职院校劳动教育体系构建[J]. 教育与职业,2020(19):103—107.

国尊重劳动的价值观念。换句话说,无论是中华优秀传统文化,还是中华民族精神历来都是以尊重劳动为根基的。正是在尊重劳动的价值取向下,才能有力地推动中国特色社会主义进入新时代,才能实现"中华民族伟大复兴的中国梦"。在新时代背景下,大学生劳动幸福感的获得离不开对劳动的尊重,当大学生诚实劳动得以被尊重时,就会从劳动中感受自我存在的意义与价值。诚如李大钊所言:"我觉得人生求乐的方法,最好莫过于尊重劳动。一切乐境,都可由劳动得来,一切苦境,都可由劳动解脱。"高校学生作为劳动的主体,我们在尊重劳动的基础上,更要尊重劳动者本身。正如习近平总书记所说:"在我们社会主义国家,一切劳动,无论体力劳动还是脑力劳动,都值得尊重和鼓励;一切创造,无论是个人创造还是集体创造,也都值得尊重和鼓励。"具体而言:一是引导大学生诚实劳动。要求大学生在劳动过程中按照高校的规章办事、诚实守法,以劳动美德等严格要求自我,帮助大学生摒弃弄虚作假、好逸恶劳、追求眼前利益以及投机取巧的观念。无论时代如何变迁,高校必须让大学生充分认识到唯有依靠自身的诚实劳动才能获取幸福,并走向成功。二是引导大学生敬畏劳动。诚如阿尔贝特·施韦泽所言:只有当人认为一切生命都是神圣的,包括人的生命和一切生物的生命都是神圣的时候,他才是伦理的。因此,当人将劳动视为自身的本质的时候,敬畏劳动实际上就意味着敬畏生命。故高校在遵循敬畏劳动者生命态度的同时,要大力弘扬艰苦奋斗、勤俭节约等优良传统,消除大学生"尊富弃贫"的思想,时刻教育大学生对他人的劳动成果必须怀有敬畏之心,对劳动者和劳动成果给予充分爱惜与尊重。

(二)在崇尚劳动方面

崇尚劳动是对劳动的一种认识,即认为劳动分工无贵贱,劳动价值有大小,美好的生活是通过劳动得来的。世界上没有一种真正具有价值的东西,是可以不经过艰苦辛勤的劳动而得到的。崇尚劳动体现了一个时代、一个社会的劳动文化和文化水准,蕴含着对劳动的崇高性的高度认同和自我内化。从宏观层面来看，在科学信息技术高度发达的今天，我们必须清醒地认识到，劳动仍然是创造价值的根本来源。无论是生产劳动还是劳动外延的不断深化，均呈现出崇尚劳动的价值源泉。党的十九大明确提出要营造劳动最光荣的社会风尚，社会主义核心价值观所提倡的敬业，就是对劳动的热爱与崇尚。可见，一个国家或一个民族无论站在何种历史方位，崇尚劳动始终是永恒的主题，也是推动国家发展、社会进步与家庭幸福的关键所在。进一步说，崇尚劳动应该成为每个公民坚定的信仰，唯有通过劳动，国家才能兴旺，人民才能创造幸福而美好的生活。反之，如果不鼓励青年人从基层做起，而是任由他们一味地追求工作的"光鲜亮丽"，忽视成功背后的汗水，就难以美梦成真。从微观层面来看，崇尚劳动就是要求大学生必须摒弃对体力劳动固有的偏见。新时代高校需从马克思主义劳动理论、中国传统劳动观以及中国特色社会主义实践等视角对崇尚劳动的本质、价值以及意义等进行解读，防止大学生片面化与单一化地将劳动仅理解为生产中的体力劳动。高校要引导大学生在实践中挖掘劳动的乐趣，从观念上消除劳动高低贵贱与等级化的狭隘思想。此外，高校应该更加注重引导大学生牢固树立历史由人民创造的观念，崇尚任何形式的劳动都应受到平等的尊重，不管是从事体力劳动还是脑力劳动，也不论劳动付出量的大小，唯有崇尚劳动才能播种希望，收获成果。

（三）在热爱劳动方面

《左传》有云："民生在勤，勤则不匮。"热爱劳动是中华民族的优秀传统，绵延至今。然而，在历史上，劳动往往成为卑贱和劳累的代名词。辛苦劳动的奴隶被奴隶主看作"会说话的工具"，农民的劳动成果受到了地主阶级的残酷剥削，资本家无偿占有了由工人创造的剩余价值。"劳心者治人，劳力者治于人"的传统观念在许多人的头脑里根深蒂固。虽然凡勃伦在分析劳动遭遇鄙视的原因时将劳动视为屈居下级的标志，是任何一个有身份、有地位的男子所不屑的，但事实上，劳动是最光荣的，只有劳动才能创造美好生活，爱劳动的人将永远焕发出美丽动人的光彩。这是因为,基于对劳动的热爱,劳动者充分发挥其聪明才干,提高其劳动效率,并在劳动过程中充分体会到劳动所带来的满足感与喜悦感,才能实现自我价值。反之,如果不能将劳动内化于心进行热爱,那么劳动则会异化为外在的枷锁,从而使劳动者无法充分获取劳动过程中受益终身的宝贵财富。党的十八大以来,习近平总书记多次强调,培养时代新人,要教育学生热爱劳动,并为他们注入热爱劳动的基因。为此,新时代高校要培养大学生热爱劳动的价值取向与真挚情感,明白劳动的真正意义与价值。高校要在遵循劳动教育现象、把握劳动教育规律的同时,注重劳动教育内容的时效性与系统性,科学地构建劳动实践体系,着力优化大学生的专业实习实训,并借助多元主体等各方力量,形成协同育人的劳动教育新格局。因此,高校劳动教育的内容体系中,要把培养热爱劳动的态度作为一项重要内容,在劳动教育过程中要让大学生锤炼品质、增长本领、磨炼意志,并用心去感受劳动所获得的快乐与幸福,使之产生对劳动的真挚情感。

三、"四最"导向的劳动价值观

任何教育活动都具有一定的价值目标,而这种价值目标在很大程度上规范着教育的价值内容,并反映一定的价值诉求,劳动教育也不例外。《关于全面加强新时代大中小学劳动教育的意见》明确指出:"通过劳动教育,使学生能够理解和形成马克思主义劳动观,牢固树立劳动最光荣、劳动最崇高、劳动最伟大、劳动最美丽的观念"。这一定位是对马克思关于劳动创造世界、创造历史、创造人本身的劳动价值观的继承与发扬,也是对新形势下出现的种种拜金主义、享乐主义、投机主义思潮的拨乱反正。新时代教育背景下,高校要积极引导大学生体验劳动、理解劳动的时代意蕴与本质,全面提升劳动素养,逐渐树立"四最"劳动价值观,倡导大学生以辛勤劳动、创新精神等参与到社会建设之中,使之在劳动实践中实现社会价值与个人理想,是新时代全面加强劳动教育的重要任务与课题。

(一)劳动最光荣

劳动价值观核心内容之一即要让大学生平等地看待各行各业的劳动者,懂得"劳动最光荣"。高校要积极引导大学生认识到劳动者在价值创造中的主体地位。我国是人民当家作主的国家,任何人任何时期都不能抹杀劳动者的地位与价值。然而,随着现代文化娱乐与社交网络平台的兴起,部分大学生认为网络经济既赚钱较快,又不用过多参与体力劳动,于是看不起一线工人、农民工等,这种错误的思想观念亟待多元主体形成强大的育人合力,帮助大学生进行矫正。诚如习近平总书记强调,劳动是没有高低贵贱之分的,每一份工作都是光荣的。因此,唯有劳动光荣的观念浸润心灵才能焕发新时代大学生的劳动精神,并让大学生以更大的热情投入社会劳动中,从而实现更高的价值。

(二)劳动最崇高

劳动价值观核心内容之二即要让大学生弘扬与继承劳动精神,懂得"劳动最崇高"。崇高的劳动精神源于崇高的劳动者,新时代涌现出诸多的大国工匠以及劳动模范等,他们用自身的行为诠释着何谓劳动精神。作为新时代的高校大学生,更要弘扬与继承劳动精神,无论做任何工作都要脚踏实地、勤奋努力,树立远大的理想,并将个人梦与"中国梦"相融合,敢于担当起时代的重任。具体而言,大学生不仅要专注于自身的专业学习,不断地提升自身的理论与实践能力,认真对待工作与生活,更要有甘于奉献的精神品质。如新时代的大学生多为"00后",自我意识强烈,部分大学生只认识到要通过劳动促进个人发展,实现个人价值,但是忽视了评价人生价值的基本尺度是通过劳动为社会做出了多少贡献。此外,高校要加强对大学生劳动精神进行培养,让大学生深刻理解劳动是我们生存于世界最为神圣的活动,并以此作为引领大学生的价值取向,从而促进大学生全面发展。

(三)劳动最伟大

劳动价值观核心内容之三即要让高校大学生在大格局视野下认识劳动的本质,懂得"劳动最伟大"。马克思认为,劳动创造对社会的进步与发展起到重要推动作用。在新时代背景下,懂得劳动最伟大必须要让大学生明确认识两点:一是伟大事业是由劳动创造的。习近平总书记指出:"我国所处的时代是催人奋进的伟大时代,我们进行的事业是前无古人的伟大事业,我们正在从事的中国特色社会主义事业是全体人民的共同事业。"深刻理解中华人民共和国成立以来取得的伟大成就是由劳动所创造的,中国特色社会主义的大厦是靠一砖一瓦砌成的,人民美好的幸福生活是靠一点一滴创造的。如在抗击新冠肺炎疫情的斗争中,钟南山、李兰娟等专家、一线医务工作者、疾控工作者、公安民警等不仅承受了难以想象的心理与身体压力,更凸显了其自身的价值,做出了巨大的贡献,是新时代最可爱的人。二是树立大学生正确的人生导向。高校要积极引导大学生形成正确的"梦想",通过生动的劳动教育使大学生崇尚劳动模范,学习劳模精神,感受劳动者的伟大与崇高等,使劳动最伟大成为新时代的有力强音。

(四)劳动最美丽

劳动价值观核心内容之四即要让高校大学生明白劳动过程是人们按照美的规律改造世界的过程,是最能体现审美精神与人的本质力量的活动,从此懂得"劳动最美丽"。中华民族是善于创造的民族,全体人民齐力同心建设中国特色社会主义现代化强国,不断开创历史新格局,释放创造潜能,在劳动中建成了今天美丽的国家。通过劳动教育让大学生树立"劳动最美丽"的劳动价值观,见证、感悟普通劳动者的美丽,明白"不劳动可耻,不劳动低劣、不劳动渺小、不劳动丑陋"的道理。

第二节 劳动知识

劳动知识的学习是新时代高校劳动教育内容体系中的第二个维度,也是高校劳动教育实施开展的重要载体。新时代对劳动教育提出了新的要求,加强高校大学生劳动知识学习,既是劳动教育的基础,也是培养大学生树立科学劳动观的主要依托。大学生通过劳动教育要获取的知识既包括与学生专业学习相关的劳动规范和技能知识,也包括与通用性劳动相关的知识,如劳动伦理、劳动法律法规以及劳动就业保障等方面的知识。通过相关劳动知识的学习,可以使高校大学生对专业知识的实践把握与现实理解不断加深,从而为未来的就业奠定坚实基础。由于高校中学科专业的不同,劳动教育知识的类型也不同,同时,获取劳动知识的途径也不同。因此,本书从高校劳动知识的类型和获取途径出发,指导高校开展劳动知识学习的相关工作。

一、劳动知识的类型

与中小学阶段不同,高等教育阶段的教育专业性更强,大学生毕业后距离劳动力市场更近。因此,新时代高校劳动教育要进一步增强学生的专业应用能力和劳动创造能力,更加突出专业性劳动知识与通用性劳动知识的融合提升。

(一)要引导学生结合专业学好专业性劳动知识

一个人是否学过专业知识,在从事某项具体工作时的技能水平和实际效果是有明显差异的,而是否能够通过反复实践操练,将所学知识转化为改造事物的专业技能,对专业知识学习效果同样有着重要的影响。当前,高校主要通过劳动规范、劳动技能等形式来组织大学生获取专业性劳动知识。具体而言,专业性劳动知识的教育主要是结合学生专业知识的学习和技能的训练而开展的劳动教育。劳动伴随人的一生是因为人的日常生活离不开劳动，人的专业工作也离不开劳动。因此，在劳动知识技能培养中主要涉及日常劳动知识技能培养和专业劳动知识技能培养两个方面。通过科学系统规范的日常生活劳动知识技能培训，一方面可以提高学生自己的生活质量，使其感受到科学劳动的魅力；另一方面，也能为学生专业劳动素养的提升发挥良好的基础铺垫作用。开展清晰的日常生活劳动知识教育并布置日常生活劳动实践作业，是提高学生日常劳动知识技能的必要手段。专业劳动知识技能培养需要更加注重学生的实际动手能力。扎实做好实习实训工作，加强协同育人体系构建对于提高学生专业劳动技能十分必要。

（二）要引导学生掌握通用性劳动知识

通用性劳动知识就是在教育实践中通用性、迁移力较强，在专业社群中认同度较高的教育知识，是在教育知识体系中占据中心位置的教育观念理论、实践知识等的统称。当前，高校主要通过劳动伦理、劳动法律等形式来开展大学生通用性劳动知识教育。具体而言：一是劳动伦理。劳动伦理是大学生在劳动过程中表现出来的对劳动关系的稳定的心理特征和倾向，是责任意识和道德情操的反映，包括劳动责任意识、劳动主体意识、劳动风险防范意识、环保意识、劳动诚信意识等。劳动伦理教育不仅是提升大学生劳动价值认知的重要手段，也是对学生知、情、意训练的手段。高等教育不仅以劳动技能的学习为核心，更要以构建劳动认识、激发劳动情感、培育劳动品质为目标，体现了劳动教育的伦理要求。二是劳动法律法规。劳动法律法规教育是对高校大学生进行的与劳动相关的法律法规的教育，其中包括劳动法律法规的学习，保护自身劳动权益意识的培养等。[1]高校大学生作为即将走向社会的劳动者，要通过对劳动法律法规的学习，不断提升自身劳动法律法规意识，懂得如何保护自身劳动权益。在遇到劳动责任事故、劳动纠纷案件、劳动违法事件时，高校大学生应通过劳动法律法规保护自己合法的

---

[1]张瑞青,王心金,蒋玲.新时代职业院校劳动素养培育的审视与策略建构[J].无锡商业职业技术学院学报,2020,20(4):82—85.

劳动权益,更好地实现就业择业。新《劳动合同法》的颁布和实施,标志着我国已经建立了完善的社会主义劳动法律制度。对高校大学生进行劳动法律教育要以《劳动合同法》《中华人民共和国劳动法》《劳动争议调解仲裁法》等为主要学习内容,向学生介绍劳动合同对用人单位是如何规定的,以及用人单位规章制度的约束力要求,使大学生明确哪些情形适用于劳动合同法的规定,哪些情形不适用劳动合同法的规定。此外,还要说明劳动权益受到损害时应如何保护自己的权益,要向学生介绍雇佣合同、劳动合同等之间的区别,介绍关于人身损害赔偿请求的注意事项和个人权益保护问题。在高校大学生劳动教育过程中,要高度重视劳动规范教育,这有利于高校大学生充分了解我国劳动法的基本精神和主要内容,做到依法劳动,并保护自己合法的劳动行为和劳动成果。

二、劳动知识的获取途径

高校要通过多种途径引导学生获取专业性劳动知识和通用性劳动知识。具体而言,大学生可以通过以下途径获取劳动知识。

(一)专题讲座

以劳动教育专题讲座作为新时代高校大学生劳动教育思想交流与互动的重要载体,既能够为高校劳动教育提供持续性的动力,也有助于培养大学生形成尊重劳动、崇尚劳动、热爱劳动的积极态度。高校劳动教育专题讲座具有广泛性、丰富性与多元性等特征。在宏观层面,通过专题讲座可贯彻落实国家教育方针,围绕培养社会主义建设者和接班人的核心任务,落实劳动教育这一发展理念,使高校大学生成为担当社会主义建设的时代新人;在微观层面,通过专题讲座来培养大学生的实干精神,树立科学的劳动品格,加强对高校大学生的劳动教育,使大学生能够在潜移默化的过程中受到引导与教育,这是树立大学生正确劳动教育观念、培育劳动教育情怀以及鼓励大学生主动参与劳动实践的重要抓手。

(二)经典阅读

高校要引导学生回归劳动教育经典阅读,使学生了解马克思主义劳动观的基本内容,从马克思和恩格斯的经典著作中找到劳动教育的理论根据,厘清党在各个时期关于劳动教育的思想。主要体现在以下几个方面:一是通过"马克思主义基本原理概论"课的教学过程注重将经典理论和原理解读结合起来,让学生对原理既知其然,又知其所以然,让学生领略马克思主义经典书目的理论深度和思维魅力,树立具有理论思维的系统劳动观念。二是阅读马克思关于劳动教育思想意蕴的经典书目来理解"劳动是价值的唯一源泉"、重视劳动者的主体地位和劳动的力量、劳动观植根于劳动群众以及生产劳动与教育相结合的相关内容等。马克思主义经典著作的思想意蕴为高校劳动教育提供了重要的理论依据,为进一步焕发高校大学生劳动热情、释放劳动创造潜能奠定理论基础。三是深入理解党在不同时期的教育方针,尤其注重把握劳动在新时代的内涵和使命。在新时代背景下,要加强习近平新时代中国特色社会主义思想的学习,明确劳动人民是国家的主人,为劳动人民谋幸福,依靠劳动人民实现中华民族的伟大复兴,是中国共产党既坚持人民立场,又牢记初心使命的重要内核。此外,要认真学习并深刻体会习近平总书记关于劳动精神、劳模精神等的相关论述,培育大学生劳动教育价值取向,引导大学生认同劳动最光荣、劳动最伟大的价值观。

(三)课程研习

课程是高校进行劳动教育的主要形式,通过设置劳动教育课程,可以让学生系统学习劳动理论知识、实践技能,培养学生劳动观念、劳动精神与劳动意识等。《关于全面加强新时代大中小学劳动教育的意见》强调:把劳动教育纳入人才培养全过程,设置劳动教育课程,努力构建德智体美劳全面培养的教育体系。该《意见》对高校劳动教育课程做出了制度性安排与原则性规定,为新时代高校劳动教育课程设置提供了重要的政策依据。劳动教育课程是学生获取劳动知识的主渠道。当前,大部分高校依据国家政策相关文件,积极创造条件,开设劳动教育课程,丰富和完善课程体系,创新劳动教育内容和形式。具体而言,学校在劳动教育课程建设中要注重以下几点:一是重视课程内容质量,将劳动教育内容渗透于学科教学中。高校教师作为课程的主要实施者,不仅应做到充分了解与掌握课程内容,还要做到以一种"润物细无声"的方式将劳动教育内容融入不同学科专业教学内容之中。如通过循循善诱的教育方法不断地将劳动创造历史、劳动创造世界、劳动创造人本身等劳动观念渗透入"思想道德修养与法律基础""马克思主义基本原理概论""中国近现代史纲要"等思想政治理论课教学中,让学生树立正确的劳动观。二是劳动教育课程内容要体现时代性。随着我国教育高质量发展,新时代高校劳动教育课程内容应与时俱进,紧密结合中国国情,以此改进课程内容。在"创新"成为时代要求的背景下,劳动教育课程内容应融入数字化、信息化元素,培养学生的高阶思维能力和社会情感能力。设置"虚拟劳动教育实验室",丰富劳动教育的内容与环境,以虚拟性与高交互性的方式让学生体验各行各业的独特魅力。把数字世界与现实职业相结合的"虚拟劳动教育实验室",能够拉近学生与不同职业之间的距离,增强学生对自己感兴趣职业的了解与感受。三是加强高校劳动教育课程实施的外部保障。劳动教育课程内容应与社会经济新时代的发展相适应,在建立政府支持、校企合作以及校校共享等合作机制的基础上,促进高校劳动教育与创新创业教育深度融合,让大学生在创造性劳动中充分掌握劳动技能与劳动知识。

(四)主题活动

新时代高校要充分利用主题活动这一有力抓手,开展劳动教育活动,旨在引导新时代大学生养成劳动习惯、树立劳动观念、培养劳动精神,使之在劳动实践中去锻炼自身的意志品格,并使国家发展与个人奋斗同频共振,为实现中华民族的伟大复兴与教育高质量发展贡献出自己的青春力量。现阶段,开展高校大学生劳动教育主题活动的形式呈现多样化特征,主要体现在如下几个方面：一是以校训、校史等大学精神所蕴含的劳动文化元素为主题开展劳动教育主题活动，帮助大学生树立正确的劳动观念与劳动意识。校训是一所学校办学宗旨、教育理念和人文精神的高度凝练，是学校长期形成的校风、学风和教风的集中体现。要着重挖掘校训中爱岗敬业、勇于创新等内容，让学校开展的劳动教育具有航标和灵魂。在校史方面，每所高校都有其鲜明的办学特色与办学历程。挖掘高校校史中有关奋斗拼搏、吃苦耐劳、迎难而上的典型人物和感人故事，并通过系列丛书、图片、视频等方式呈现在学生面前，让他们深刻理解劳动成就梦想、劳动开创未来的道理。二是结合节假日、纪念日等开展劳动教育主题活动，打造一系列师生喜闻乐见的大学校园文化活动，让参与其中的师生感受到劳动的乐趣与魅力。目前，各高校纷纷结合我国重要节日开展与劳动教育相关的主题活动。如重庆某高校举办以"劳动最美·爱国力行"为主题的演讲比赛，主题内容涉及自己在返乡社会实践、抗疫志愿服务中对劳动的认识，对劳动者的敬意；从火神山、雷神山医院修建中彰显的中国速度，谈到劳动工人的伟大、白衣天使保卫人民的无私精神；从古人对劳动的崇尚，谈到当代大学生应提升劳动意识……他们用真挚的情感、感人至深的故事、饱含深情的演讲，讲述了新时代大学生对劳动最真挚的理解和最崇高的敬意。此外，各高校纷纷设立"校园文化劳动月"，积极开展不同主题的劳动教育活动。例如，借助植树节、学雷锋纪念日、五一劳动节等开展形式多样的劳动主题活动，宣传新时代劳动价值观，使大学生在参与各项劳动主题活动的同时，能够积极主动地延续我国优良的劳动传统，形成积极的劳动精神。

第三节 劳动实践

《大中小学劳动教育指导纲要（试行）》指出，劳动教育的内容包括日常生活劳动、生产劳动和服务性劳动中的知识、技能与价值观。高校劳动教育具有极强的实践性，其教育内容应根据国家的相关要求，结合大学生的发展规律、认识程度以及身心发展情况等，充分发挥学校特色，利用社会资源，开展包括日常生活实践、生产实践和服务性实践在内的劳动实践活动，形成多样化、协同化、系统化的劳动实践体系，让学生在劳动实践中体悟劳动的价值与意义，以切实解决高校劳动教育中"有教育无劳动"的问题。

一、日常生活劳动实践

恩格斯指出，劳动创造了人本身，并是整个人类生活的第一个基本条件。日常生活劳动作为创造人类社会劳动中最普遍的劳动类型，既是保障每个人存在的首要基础与前提条件，也是立足于劳动自立与自省意识的培养，并在不同生活模式下所形成的一种理想劳动状态。在日常生活劳动中大学生应做到自觉劳动、珍惜劳动成果，时刻提升自我生活的能力，养成良好的劳动习惯，并能够有效地运用到生活实践之中。然而，高校大学生正处于世界观、价值观和人生观形成的重要时期，生活阅历缺乏，基本生活技能欠缺，尚未完全形成对人生的深刻体验和感悟。劳动作为沟通主观与客观的中介，有助于大学生的道德素养获得全面成长。现在的大学生很多都是"不知稼穑之艰难，乃逸乃谚"，即没有体验过农民"面朝黄土背朝天"的艰辛，生活上容易放纵和荒唐。只有亲身参与了日常生活劳动，才会深刻感受到生活的艰难，加深对劳动环节的认识，产生刻骨铭心的劳动印记。

具体而言，要充分发挥家庭和学校的协同作用：一是家庭要发挥在劳动教育中的基础性作用。注重抓住衣食住行等日常生活中的劳动实践机会，鼓励孩子自觉参与、自己动手,随时随地、坚持不懈地进行劳动,掌握洗衣做饭等必要的家务劳动技能。学生参加家务劳动和掌握生活技能的情况要按年度记入学生综合素质档案。二是学校要发挥在劳动教育中的主导作用。健全劳动素养评价制度,引导大学生每天清扫寝室,及时分类清倒垃圾,经常保持室内通风;床铺被子叠放整齐,被单平铺整齐,书籍、洗漱用品等摆放整齐,衣帽用品挂放整齐,行李入柜存放整齐;垃圾放入指定的垃圾桶内,保持地面、墙面、门面干净整洁,无积尘、无污渍、无积水、无纸屑、无果壳等;勤洗澡、勤理发、勤换洗衣服,养成良好的个人卫生习惯等。将学生寝室卫生检查、个人生活卫生检查等劳动素养纳入学生综合素质评价体系,制定评价标准,全面客观记录学生日常生活劳动的过程和结果,加强日常生活劳动技能和价值体认情况的考核。

二、生产劳动实践

生产劳动作为人类社会劳动的基本类型之一,具有鲜明的社会导向性。人类的生产劳动经历了从简单劳动到原始劳动,再到复杂性劳动和创造性劳动的过程,其发展历程既体现了人类社会发展史,也体现了人类通过劳动创造美好生活的追求。在一定的社会条件下,可根据劳动复杂程度将其分为简单生产劳动和复杂劳动。其中,简单生产劳动是指不用特殊训练,每个劳动者都能掌握的一般性劳动。引导大学生参与一定的简单生产劳动是大学生培养职业观念、增强社会责任感的重要环节,也是大学生积极融入社会的表现。生产劳动的实质是让学生在工农业生产过程中直接经历物质财富的创造性过程,体验从简单劳动、原始劳动向复杂劳动、创造性劳动的发展过程,从而使学生学会使用劳动工具,掌握相关技术,感受劳动创造价值,增强产品质量意识,体会平凡劳动中的伟大。可见,在新时代背景下,引导高校大学生积极参加生产劳动,是关涉劳动教育质量的关键因素。生产劳动已不是一般的生产劳动,更不是一种纯粹的生产劳动,而是具有一种教育性与学习性的劳动,并在高校专业化教师指导下,对专业学科进行理论与实践的思考,从而带领学生进入生产劳动场所开展体验、实验与验证的专业性劳动的生产过程。学生只有亲历实践过程,才能真正体悟真理,发现知识,明确操作技术等,从而提高生产劳动能力。因此,各高校要根据学校办学特色,积极对接行业、企业等社会性生产平台,借力专业化学习,加强生产劳动教育,为大学生生产劳动提供丰富的生产劳动空间。

具体而言:一是实现生产劳动与教育有机结合。生产劳动与教育的有机结合作为一种教育思想,不仅造就了富有时代特征之人,更是新时代教育改革的必然趋势。高校培养大学生将所学的专业化理论知识与技能和未来的就业与发展相对接,从理论与实践结合的高度加强专业范围内的技能培训,使学生既有扎实的专业理论知识,又有相应的动手应用能力。例如,高校要创造条件,把有研究基础和兴趣的学生吸引到教师的课题研究中,让学生在具体的科研工作中增长知识,培养其不懈的奋斗精神;同时,充分利用社会实践活动、社团活动和志愿者服务等学生喜闻乐见的方式,让学生了解社会、增长才干,储备未来工作生活的基本技能。更重要的是,通过劳动教育,培养学生自信心、责任心等思想品质和为中华民族伟大复兴而奋斗的意志。二是拓宽大学生参加生产劳动的主要内容。工农业生产活动是最朴素的生产劳动实践,能让大学生体会到劳动的快乐,并与劳动人民建立真挚的感情。然而,随着生产劳动形态的变化,生产劳动过程中的科学技术逐渐凸显。高校大学生生产劳动教育内容的选择,必须符合当下互联网科技与生产的时代发展,体现现代科学技术在生产劳动中的有效运用,注重新兴技术支撑和社会服务的新变化,认识到现代科学技术在劳动中的强大生产力,从而树立创新意识与科学精神。三是高校要针对不同大学生的就业需求,积极给大学生提供就业实习平台,为大学生提供从事不同生产实践的机会,使之在生产劳动中逐步适应社会。将劳动教育与企业顶岗实习相结合,以劳动教育来优化顶岗实习内容,从而提高大学生劳动素养与专业技能。

三、服务性劳动实践

服务性劳动是指劳动者运用自身所储备的知识与技能,结合一定的设备与工具向他人提供的一种帮助与服务。作为劳动实践活动的类型之一,与日常生活劳动所特有的自我倾向性不同的是,服务性劳动具有鲜明的社会导向性、利他性以及非功利性等特点。目前,随着我国现代化进程的不断发展,服务性行业的规模越来越大,公共服务越来越重要,大学生必须在奉献社会、服务他人等方面树立正确的价值观、人生观与世界观,在多样化的服务中承担社会责任。正如习近平总书记所说:"广大青年要自觉奉献青春,为全面建成小康社会多做贡献。青年时光非常珍贵,要用来干事创业、辛勤耕耘,为将来留下珍贵的回忆。"新时代服务性劳动教育要培养劳动者爱岗敬业、甘于奉献的劳模精神,引导个体在帮助他人、服务集体中培养服务意识,通过参与不同类型的服务性岗位和公益性活动丰富服务技能、提升服务本领,在实践中提升社会责任感,培育良好的社会公德,共同推进社会主义和谐社会建设。可见,服务性劳动不仅可以塑造大学生正确的劳动意识,而且还可以培养当代大学生的社会责任感。以社会责任支撑劳动品德,让大学生在劳动过程中学习,并且了解社会、锻炼体魄、增长专业知识与技能等,切实感受到劳动的意义,引发对自身责任与肩负未来使命的思考。

基于上述认识,可以从以下两方面引导与强化高校大学生服务性劳动:一是积极开展志愿者活动。鼓励大学生参加社区服务、志愿者、爱心扶助等义务劳动,发挥所学的专业优势,如前往孤儿院敬老院等地进行服务。2020年新冠肺炎疫情期间,无数大学生积极主动投身于抗疫志愿服务之中,辅助社区防疫活动、参与流行病的大数据分析等,凸显了服务性劳动的教育闪光点。再如,广大大学生积极参加"尊老、爱老、敬老、助老"献爱心活动,帮助敬老院、空巢老人等打扫卫生、清洗衣物,替老人购买日常生活用品,陪老人拉家常、谈心等。通过这些服务性劳动让大学生充分体会到劳动的意义与价值,帮助大学生提升劳动素养,树立正确的劳动价值观。二是积极开展公益性活动。如定期安排大学生参加农业生产、工业体验、商业和服务业实习等义务劳动实践,利用劳动教育实践基地、综合实践基地和其他社会资源,与研学旅行、团队日活动和社会实践活动等相结合,培养大学生的活动组织能力和奉献精神。鼓励大学生协助绿化养护人员对校园绿化带内杂草进行清理,了解绿化和花卉的养护知识,掌握简单的花卉浇水、施肥、修剪等技能;协助会务人员做好校内各种会议、会场的宣传布置工作,了解宣传栏、横幅等的设计、排版、制作摆放等知识;积极参加社会组织、学校、学院举办的各种公益活动,服从组织领导,做好本职工作等。

第四节 劳动技能

当前,在世界新一轮科技革命与我国产业转型升级的历史交会之际,我国工业制造业进入4.0时代,意味着传统的"中国制造"将被"中国智造"所取代,频频涌现出的新技术、新产品、新业态以及新模式致使生产劳动中被智能机器人所取代的简单技能岗位逐渐减少。这对于劳动者的技能提出了更高要求,也给培养技术技能型人才的高等教育提出了新的发展目标。由此可见,劳动技能的培养是高校劳动教育的重要内容,高校劳动教育既要通过系统的学习引导大学生掌握专业的劳动知识,奠定扎实的理论基础,又要加强专业化的劳动技能训练,使学生将理论知识转化为实际操作的技能,从而提升大学生专业素质与实践能力。

一、专业性劳动技能

专业性劳动技能是大学生基于专业理论知识、技术水平以及综合运用能力等所形成的职业实践能力,这些能力是以通往未来就业与职业岗位为导向的,是新时代高校大学生劳动技能提升的关键。2020年3月,中共中央、国务院印发的《关于全面加强新时代大中小学劳动教育的意见》指出:劳动教育是中国特色社会主义教育制度的重要内容,直接决定社会主义建设者和接班人的劳动精神面貌、劳动价值取向和劳动技能水平。可见,对于社会而言,掌握好专业性劳动技能的社会人才才能满足中国特色社会主义事业不断进步与发展的需要。对于高校大学生而言,掌握必要的专业性劳动技能是立足于社会生存的首要条件,更是高校劳动教育的着力点。

(一)在前期阶段,要让大学生夯实系统化的理论与方法

专业性劳动技能离不开专业理论与专业方法的传授,需要通过专业知识的积淀与学习才能形成。换句话说,专业性劳动技能对专业理论与专业方法的依赖不是被动的,而是一种主动应用的延展。在现实生活中,一位理论功底深厚的医学博士未必能看得好病,因为看病需要在临床实践中不断积累经验,但这位医学博士看病的能力肯定比一位建筑工人强;同样的道理,一位美术大师盖房子的技能恐怕没法和这位建筑工人相比,因为他脑海里储备的更多的是关于绘画的专业知识。[①]因此,充分运用劳动理论或专业方法进行劳动技能教育是尤为重要的,既要考虑到我国目前科学技术、社会生产与社会发展的现实需求,更要考虑到大学生毕业后与社会主义市场需求对接的程度,以此统筹安排高校劳动技能相关的专业知识教育。在专业理论方面,自然科学知识可以为劳动技能的培训提供科学原理,高校劳动技能首先要以系统化、科学化的劳动知识为基础。在专业理论教学中,高校要引导学生注重对专业基本理论的研读,让学生在脑海中构建起基本的专业理论体系。如工科学生通过对电气知识、机械知识、企业生产知识等理论知识的研读,可以逐步形成专业基础素养,为日后劳动技能与相关理论知识相结合奠定基础。在专业方法方面,高等教育阶段培养的高素质劳动者,主要是以方法论为主。大学生要尽快转变对专业学习的认知观念,尤其在专业技能学习过程中,不仅要熟悉理论知识从假设到推演逻辑再到得出结论的整体认知,随时关注与跟踪专业发展的前沿动态,更新专业知识,还要注重对

[①] 赵鑫全,张勇. 新时代大学生劳动教育[M]. 北京:机械工业出版社,2020:89-90.

实操过程中所存在的问题、操作流程以及注意事项进行学习,灵活掌握运用劳动技能的专业方法。

(二)在实施阶段,高校要构建科学化的劳动技能教育

高校要构建科学化的劳动技能教育,主要体现在以下几个方面:一是高校要强化校内专业实习实训环节,融"教、学、做"于一体,培养大学生的专业技术能力。为有效适应劳动新形态的发展,传统专业实训要在互联网信息技术、仿真模拟技术等方面进行全面升级,以满足大学生对服务体验、专业实操的专业性实践需求,为大学生的专业技能发展赋能。例如,物流专业可以运用三维动画技术,对整个物流活动进行模拟。如果要了解仓库管理运营,当软件运行后,学生就可以看到仿真的整个仓库及货物情况,这时候学生就可以根据模拟的任务单,进行货物的入库、分拣、包装等实操工作。二是深度挖掘多方资源优势,开展专业实训项目。高校要加强校企合作,组成专业的项目团队,根据项目学习要求,分析规划项目的目标定位、研究方向、细分职责、素材需求、劳动工具、劳动知识理论与劳动技能等明细列表,最终通过实训项目落实培训效果,巩固劳动技能与方法。比如,食品生产相关专业可以与校外的蛋糕店合作,组织蛋糕烘焙项目技能实训小组,由蛋糕店师傅领衔,学习设计新的蛋糕样式,并根据蛋糕制作流程要求,实际参与制作过程,在蛋糕制作完成后,互相品尝、评价制作效果。整个实训项目参与过程也就是蛋糕学习制作的过程,会进一步巩固理论知识学习,并详细了解劳动注意事项与操作要求,提高实际劳动能力与技术水平。

(三)在后期阶段,高校要将技能训练纳入劳动教育评价体系

高等教育阶段开展劳动教育时,需构建一套系统完善的评价体系,不断推进劳动教育的有序开展。通过对大学生进行评价与激励的方式来推进技能训练纳入高校劳动教育评价体系,可以提升大学生参与劳动的积极性,增强劳动教育的实际效果。具体而言,可以对大学生在劳动技能训练中的成

果与表现进行全方位的考核评价,设置劳动技能的内在与外在的两项指标体系,并予以打分。其中,以劳动态度、职业精神与善于劳动等作为内在指标,以劳动技能的理论知识的掌握、劳动实训过程中生产技能的熟练程度、理论与实践相结合的运用程度以及劳动技能训练的实效等作为外在指标,以此形成全面化的劳动专业技能评价体系。劳动技能评价结果应成为大学生全面发展的重要指标,高校应将其作为评优评先等工作的主要参考依据。

二、综合性劳动技能

随着我国社会经济发展水平的不断提升,对技术技能型人才的要求越来越高,而加强专业性劳动教育、提升劳动精神与素养等,是培养综合性劳动技能的基础性条件。综合性劳动技能的培养应成为高校劳动教育的内容之一,这是满足大学生生存和发展所需的基本劳动能力,也是让大学生动手实践、应用和掌握相关技术、感受劳动创造价值、形成社会责任感的基础能力。

(一)高校要提升大学生的综合性劳动技能素养

综合性劳动技能素养是大学生在劳动实践中形成的一种综合素质,对高等教育技术技能型的人才培养有着深刻且直接的影响。新时期劳动实践活动场域发生了新的变化,并赋予劳动价值观新的内涵,高校唯有培养大学生正向积极的综合性劳动价值观,劳动过程中形成的情绪情感、自我概念、动机、品质、人际互动能力、行为习惯等,才能有效转化为综合性技术技能型人才进行设计构想、革新与转化的价值动力。这是因为,综合性劳动技能素养的培养对大学生的成长成才具有极其重要的作用,培养大学生的综合性劳动技能成为高校的重要内容。其重要性具体体现在以下几个方面。

1.综合性劳动技能对大学生道德的培养具有重要作用。以高校机械加工技术专业为例,高校教师依据教学目的,让大学生在一定程度上了解与掌握了机械加工的研究对象、工艺过程、相关概念后,通过相关短视频和图片,让大学生能够充分了解到我国以及国际社会上机械制造业的趋势与现状等,让大学生深刻感受到我国机械制造业的先进与辉煌,从而激发大学生的国家自豪感,增强其课程学习的积极性。

2.综合性劳动技能对大学生智力的培养具有重要作用。从本质上讲,高校综合性劳动技能的培养是一项实践活动,其教学在很大程度上是促进大学生动手能力与动脑能力的结合。以高校艺术专业为例,结合校园文化与专业特色,开展劳动文化节,举办综合性劳动活动,如设计、绘画、剪纸等。在劳动实践环节中,大学生的思维能力会更加清晰,其想象力、创造力以及思维力等也会伴随着技术的提高而得到相应程度的提升。

3.综合性劳动技能对大学生眼界的开阔具有重要作用。高校大学生综合性劳动技能的培养能增加大学生的见识与阅历,让高校劳动教育更加具有深度与广度。以高校信息型专业为例,高校引导大学生通过互联网信息技术开阔自身的眼界,充分认识到信息技术的价值与作用。在劳动实践过程中,运用相关信息技术(如C语言、VR技术、AI编程以及PowerPoint等)与技能型劳动相结合,以此来改变传统的劳动教育教学模式,为大学生提供更多自主实践、自主探索和多元化学习的机会。

4.综合性劳动技能对大学生创新能力的培养具有重要作用。高校大学生综合性劳动技能的掌握,其本质上就是拥有良好的创新意识、创新能力以及实践能力等,从而激发大学生的想象力与创新力。以高校物理化学专业为例,培养高校大学生对于物理化学的实践操作,有助于大学生在该专业中了解不同客观事物之间的规律反应与必然联系,让大学生明白每一种客观事物的反应均要受一定条件的制约,从而在一定水平的制约下进行创新。

(二)高校要提供综合性劳动技能考证的培训平台

综合性劳动技能包括单向综合性劳动技能和职业综合性劳动技能两类,分别以学生获得相应的技能证书为标准。当前,单向综合性劳动技能证书包括普通话等级证书、外语等级证书、计算机等级证书、汽车驾驶证以及游泳等级标准等;职业综合性劳动技能证书包括各类职业资格证书,如导游资格证书、律师资格证书、教师资格证书、心理咨询师证书、茶艺师资格证书以及景观设计师资格证书等。那么,如何帮助高校大学生获取综合性劳动技能资格证书,是高校必须重视的事情。高校要探索知识基础、实践能力与人文素养融合发展的人才培养模式,根据社会对人才的发展需求,制定科学的、切实可行的人才培养方案。以提升职业素质和职业技能为核心,优化学科专业结构,在允许高等院校扩大学科专业设置自主权的条件下,专业设置要以服务地方经济发展为前提,以就业为导向,设置课程要与职业资格考试的科目相匹配。

第五节　创造性劳动

创造性劳动是中华民族持续发展的助推器。创造性劳动是在原有劳动知识与思维、劳动方法与内容等基础上进行不断创新与突破,以此形成高效的劳动效率与超值的社会财富。2016年8月,人力资源和社会保障部、财政部在《关于深入推进国家高技能人才振兴计划的通知》中提出,"十三五"期间,国家高技能人才振兴计划要紧紧围绕人才优先发展和创新驱动发展等战略任务,培养造就一大批具有高超技艺、精湛技能和工匠精神的高技能人才,稳步提升我国产业工人队伍的整体素质。2020年11月,习近平总书记在全国劳动模范和先进工作者表彰大会上指出:"当今世界,综合国力的竞争归根到底是人才的竞争、劳动者素质的竞争。"在中国特色社会主义新时代的背景下,为实现中华民族伟大复兴的"中国梦",我们仍要发扬与继承创造性劳动的优质品质与劳动精神,以推动中国制造向中国创造转变。聚焦教育领域,高校要引导大学生通过社会实践、实习实训等渠道,了解社会经济发展向他们提出解决新问题、创造新事物的要求,并将此要求不断内化于创造新事物的愿望,及时掌握现代劳动技能与科学知识,使学生实现从重复性劳动向创造性劳动的跨越式发展。

一、加强大学生创新性思维培养

创造性劳动实践活动是将脑力劳动与体力劳动有机结合,把创新性思维与劳动实践活动融为一体,寻找劳动实践活动中的创新元素,从而激发大学生在劳动创造中的探索精神、创造性思维和批判性思维。对于高校而言,要培养学生的创造性劳动能力,首先要加强学生的创新性思维培养,重点从创造性思维和批判性思维入手,开展创新性劳动教育活动。

(一)要将培养创造性思维融入劳动实践活动之中

创造性思维不同于常规思维,是人类认知新领域,开创新成果的思维互动,具有独创性、非逻辑性以及灵活性等特点。"创造"一词在《现代汉语词典》中的解释是:想出新方法,建立新理论,做出新的成绩或东西。"做出新的成绩或东西"是创造性劳动最直观的评估标准。根据马克思主义思维与存在、理论与实践的辩证统一关系,在影响创造性劳动能力的各种素养中创造性思维扮演着重要的角色。只有劳动者具备了基本的创造性思维,才有可能在劳动实践中不断提高自己的创造性能力,产生更新颖、更有影响力的创造性劳动成果;反过来,创造性实践过程又会进一步强化劳动者的创造性思维,不断改善劳动者的创造性思维品质,继而形成良性循环的上升过程。因而在一定意义上可以说,创造性思维是实现创造性劳动的核心要素。

(二)要将培养批判性思维融入劳动实践活动之中

所谓批判性思维,就是人们综合运用形式逻辑、非形式逻辑以及其他相关技能,对观点、判断、命题、论证、方案等一阶思维进行再思维的工具,其目标是要追求论证的逻辑明晰性和证据材料的可靠性,使人的观念和行为都建立在理性慎思的基础之上,帮助人们做出可靠的决策判断。批判性思维强调重视理性的地位,要求思考者倾向于进行理性评价,并将自己的信念和行动都建立在理性评价的基础上,而其中最重要的就是恰当地使用理性进行质疑的能力,在此意义上,批判性思维是创新人才的首要思维范式。批判性思维对理论创新而言具有重要价值,更重要的是,对于创造性劳动能力的提升、高层次创造性劳动人才的培养与识别而言,批判性思维训练还具有重要的实践价值。教师要善于把劳动实践与社会现实以及学生的生活实际、思想实际结合起来,针对教学内容设计若干探索性学习研究课题,通过设置富有启发性、引导性的真实有意义的问题和难题让学生解答;设置有多种解法的问题让学生思辨,设置一些问题答案让学生去争辩或阐释,设置一些问题让学生去联想或进行再创造等以训练批判性思维。

二、加强大学生创新创业能力培养

随着人工智能、大数据信息系统等新兴技术不断地影响着人们的生活,劳动形态也随之不断变革,创造性劳动正在成为新时代高校劳动教育的重要特征。习近平总书记指出:"创新是社会进步的灵魂,创业是推动经济社会发展、改善民生的重要途径。"全社会都要重视和支持青年创新创业,为他们提供更有利的条件,搭建更广阔的舞台,让广大青年在创新创业中焕发出更加夺目的青春光彩。由此可见,在新时代教育背景下,创新创业教育已成为我国高校创造性劳动实践活动的重要载体。高校注重围绕创新创业教育开展劳动实践活动,就是要引导大学生在劳动实践活动中创造性地去解决问题,深刻认识与理解新时代创造性劳动的本质,进而促进大学生德智体美劳全面发展。

具体而言,就是要鼓励学生积极参加各种创新实践活动,帮助大学生理论联系实际,培养大学生的创新创业能力:一是引导学生积极参加各种国际比赛、竞赛活动,如奥运会、亚运会、世锦赛、艾景奖国际园林景观规划设计大赛等。二是鼓励学生在综合性的创新创业大赛中尝试新方法、探索新技术、解决新问题,如"互联网+"大学生创新创业大赛、"挑战杯"中国大学生创业计划竞赛、国家级大学生创新创业训练计划项目等,培养学生的创新精神和实践能力。三是引导学生积极参加由教育部等部委主办的各类大学生学科竞赛,如大学生数学建模大赛、大学生电子设计竞赛、大学生机械设计大赛、计算机仿真大赛、大学生结构设计竞赛、工程训练中心综合能力竞赛、"挑战杯"全国大学生课外学术科技作品竞赛等。四是引导学生积极参加由教育厅(教委)主办的各类竞赛,如物理实验创新设计大赛、"飞思卡尔"智能车大赛、化学实验技能竞赛、生物实验技能大赛、土木工程专业结构力学竞赛、美术与设计大展、师范生教学技能大赛等。五是引导学生积极参加由全国性学会(协会)主办的各类竞赛,如全国大学生数学竞赛、全国软件专业人才设计与开发大赛、大学生网络商务大赛、先进图形技能大赛、全国大学生英语竞赛、中国大学生原创动漫大赛等。

第三章　高校劳动教育的分层实施

第一节　学校层面的组织职责

高校是劳动教育的主阵地,在劳动教育开展中处于主导地位,承担着重要的组织职责。劳动教育在学校中的实施和开展,首先需要从学校党委、行政和主管部门层面进行顶层设计和系统规划,以保障劳动教育的顺利实施。学校层面的组织职责需要强化党委、行政和主管部门两方面的主体责任,在党委的统一领导下,由教务处、学生处、团委或其他主管机构统筹组织全校劳动教育的实施。在劳动教育开展前,学校层面应制定一套整体规划,为劳动教育的实施指引方向;在劳动教育实施过程中,学校层面应完善组织、课程、安全、评价等运行机制,促进劳动教育的顺利开展;此外,为保证劳动教育的可持续发展,学校层面还应加强劳动教育的人、财、物等条件保障,并且调动各方资源和力量为劳动教育的长效运行提供支持。

一、制定整体规划

学校是劳动教育的实施主体,各大高校应认真贯彻落实中央出台的有关劳动教育的政策文件,以促进学生全面发展为目标,对劳动教育进行整体设计、系统规划。

(一)制定总体实施方案

学校要根据国家相关规定,结合当地和高校的实际情况,形成高校劳动教育总体实施方案。在维度划分上,方案要明确高校劳动教育的理念、目标、内容、课程安排、劳动实践活动安排、劳动教育过程的组织与管理以及考核评价方式等内容。在阶段划分上,高校劳动教育的整体规划要基于学生的年段特征和阶段性教育要求,研究制订学校各年级学年(或学期)劳动教育计划,并且对学年、学期劳动教育实践活动做出具体安排,特别是要围绕创新创业,结合学科专业来规划好劳动月、劳动周等集体活动,进一步细化国家的有关要求,使总体方案的维度和阶段两方面内容相互衔接、相互配合,形成全面实施劳动教育的可持续方案。

(二)构建长效运行机制

在实施方案的基础上,学校从运行机制的完善、条件保障的加强、共育体系的构建等方面,积极构建能够保障劳动教育开展的长效机制,改变临时性、随意性等非连续性的劳动教育模式,科学制定实施劳动教育的指导意见,让劳动教育真正融入高校教育教学的全过程,为具体实施劳动教育提供科学的方向引领,全力推进新时代高校劳动教育的实施和开展。

(三)明确劳动教育重点

值得注意的是,高校在制定劳动教育规划时要着重处理好理论学习与实践锻炼的关系。劳动教育是高校人才培养体系中的一部分,理论学习与实践锻炼都是高校劳动教育必不可缺的内容。理论学习重在让学生掌握劳动科学知识,深刻理解马克思主义劳动观和社会主义劳动的关系,树立正确的择业就业创业观,为行动提供正确的指引。实践锻炼重在培养将所学的知识、方法运用于实际的能力,从个人的生活劳动习惯,到集体居住的环境保持,再到与学科知识相关的生产劳动,或者是投身公益性的义工志愿者服务等方面,都需要实践操作。[1]因此,高校在规划劳动教育时,要做到二者兼顾,不仅要注重劳动教育的价值引领,帮助学生掌握相应的劳动知识、树立

---

[1] 王晓青. 新时代高校劳动教育:意义、问题、原则与路径[J]. 淮阴师范学院学报(自然科学版),2021,20(2):151—155.

正确的劳动观念、全面提升劳动素养,还要保证每个学生都有必要的劳动实践经历。高校劳动教育不能只是口头上喊劳动、课堂上讲劳动,更要在实践中去践行劳动。

二、完善运行机制

完善劳动教育的各项运行机制是劳动教育工作顺利开展的重要保障,是学校层面最核心的职责。学校要从组织管理、课程建设、安全保障、监测评价等层面建立完善的运行机制,以此推进本校劳动教育高质量发展。

(一)建立组织管理机制

首先,高校在建立由党委统一领导、负责人主管、各部门齐抓共管、协同联动和密切配合的领导体制,明确各部门、人员的工作职责的前提下,确保劳动教育得以高效开展。其次,建立系统科学、分工明确的新时代高校劳动教育组织实施的工作制度,学校组织各院系、教师切实将劳动教育融入高校教育教学的环节中,推动劳动教育进课堂、进教材、进头脑。再次,完善劳动教育的督导机制,改进督导方法。学校设置专门的督导机构对各院系劳动教育课程开展的有效性、实践活动组织的有序性、教学指导的针对性等进行监督与指导,并且公开督导结果,作为衡量各院系劳动教育质量的重要指标,以确保劳动教育高效保质地开展。最后,健全劳动教育的保障机制。高校应从师资队伍、资金投入、物质支持三个方面为劳动教育提供条件保障。此外,高校还可以通过调动学生、家庭、社会的力量形成各方协同育人的机制,为高校劳动教育的高效、长久开展提供形式不一、内容丰富的资源保障。

(二)完善课程育人机制

课程是专业建设的核心内容,是人才培养的基本要素。完善的学校课程体系有利于指导各院系开设有针对性的劳动教育课程,引导教师进行科学合理的劳动教育课程教学,帮助学生系统专业地学习劳动知识。因此,高校应按照中共中央、国务院关于在大中小学设置劳动教育课程的具体要求,完善高校劳动教育的课程育人机制,以保证高校劳动教育课程的顺利开展。

首先,保证劳动教育课程的开设。课程应包括必修课程和选修课程,并规定相应的学时、学分。其次,确立课程目标。高校劳动教育的课程目标应根据《大中小学劳动教育指导纲要(试行)》要求确立,通过劳动教育,使新时代大学生牢固树立劳动最光荣、劳动最崇高、劳动最伟大、劳动最美丽的观念,具备满足生存发展需要的基本劳动能力,养成热爱劳动、砥砺奋进的劳动精神,形成良好的劳动习惯和品质。再次,规范课程的内容。高校可以通过编制高校劳动教育大纲、教材等方式规范劳动教育课程的内容。例如,高校劳动教育大纲的制定必须贯彻党和国家的相关规定,坚持正确的政治方向,课程内容应以马克思主义劳动教育观为引导,围绕新时代大学生劳动价值观、劳动态度、劳动习惯、劳动技能等内容展开。另外,创新课程教学方式。高校可根据所处地区、学校的具体情况,围绕创新创业,结合学科专业特点,广泛开展实习实训、社会实践、志愿服务等各种形式的劳动教育课程,做到课堂讲授与课外实践相统一,校内与校外相配合,动脑与动手相结合。最后,完善课程教学质量考核体系。教学质量的考核是检验教学效果的标尺,它的好坏对教学效果有着重大的影响。因此,高校要完善课程教学质量考核体系,建立学生劳动素养评价制度,将学生劳动教育课堂表现与劳动教育实践活动表现等要素都纳入综合素质评价体系,并把劳动素养评价考核结果作为学生评优评先的重要参考和毕业依据。

(三)构建安全保障机制

劳动教育是以实践育人的教育,高校劳动教育的重要形式就是组织学生参与实践活动,包括实习实训、社会实践、公益活动等,学生在参与这些实践活动的过程中,安全问题尤为重要。高校应强化劳动安全意识,建立劳动教育安全保障机制:一是加强学生日常安全教育。学校可通过开设安全教育课程、组织安全演练等方式来提高学生安全意识,让学生掌握基本的安全防护知识。二是做好劳动实践安全防护。学校在安排学生参与劳动实践活动时应根据学生的身心发展特征,切实关注劳动任务及场所设施的适宜性,合理安排劳动的时长与强度;科学评估劳动实践活动的安全风险,做好安全管理,认真排查、清除学生在劳动实践中的各种隐患;准备充足的劳动防护工具和一些简单的医疗用品,在条件允许的情况下,可以在大型实践活动现场配备一定的医护工作人员,切实保护学生身心健康。三是完善学校保险体系,在学生外出参与生产劳动或服务性劳动实践活动时,为学生购买必要的意外伤害保险,并鼓励学生购买必要的健康医疗保险,为学生安全提供一定保障。

(四)健全监测评价机制

教育承载着培养社会主义建设者和接班人的重要使命,如何对高校开展劳动教育的情况进行考核和评价,提出反馈意见,采取有效措施,正确有效地指导劳动教育的实施开展,提升劳动教育质量,建立健全高校劳动教育监测评价机制是关键。

1.细化劳动教育评价目标。高校应综合研判其劳动教育内外部形势,围绕劳动教育整体规划,多维度分阶段构建不同专业领域的劳动教育分项目标。从劳动教育培养目标与培养效果的达成度、人才培养目标与国家和地方经济社会发展需求的适应度、劳动教育教师与教学资源条件的保障度、劳动教育教学和质量保障体系运行的有效度、学生在劳动方面的表现与社会用人单位满意度等五个方面分别设置劳动教育评价目标。在阶段划分上,可以5年或3年为一个总体目标,再分别设定年度目标、学期目标、月目标。还可以根据已有各维度目标,设定阶段目标的考核指标。

2.跟踪劳动教育评价过程。良好的评价机制不是一成不变的,评价过程需要有专门的机构、专业的教育管理人员对劳动教育评价的具体实施情况进行跟踪监测,及时发现实施过程中偏离具体目标的情况,综合分析问题产生的原因,收集各院系、老师、同学有关劳动教育评价实施过程中的问题与建议,全方位跟踪评价过程,全面了解实施情况。

3.完善劳动教育评价举措。劳动教育的全过程评估不仅要突出现有问题,更要探究导致问题产生的原因,从根本上提出解决问题的办法,真正落实保障劳动教育评价的相关举措。高校要建立健全劳动教育监测过程中问题解决的保障机制,多渠道集思广益,逐一解决问题,在解决问题中完善高校劳动教育评价体系,实现劳动教育规划的既定目标。

三、加强支持保障

任何教育都需要条件支撑,劳动教育的开展也需要多种条件的有力配合。为保证劳动教育的有效开展,学校层面需要在人、财、物三个方面给予保障。

(一)加强师资建设

百年大计,教育为本;教育大计,教师为本。教师是学生的引路人,一支有深厚劳动情怀、道德情操、扎实知识和仁爱之心的教师队伍,是高校劳动育人有效开展的重要保障。首先,成立跨学院、跨学科的公共性劳动教育教研团队,研究不同学科专业背景下劳动教育实施的目标和任务,以此指导院系劳动教育工作的开展。其次,建立专、兼职相结合的劳动教育师资队伍,配备必要的劳动教育专任指导教师,聘请有实践经验的社会专业技术人员、劳动模范等担任兼职教师,有计划地培养和补充劳动教育的师资队伍。再次,开展劳动教育教师培训,强化高校教师的劳动意识、劳动观念,提升实施劳动教育的自觉性。对承担劳动教育课程的教师定期进行培训,提高教师专业化水平。最后,建立健全劳动教育教师工作考核体系,完善评价标准,打通职称评聘通道,确保考核评价科学、公正,保障劳动教育的任课教师与其他专任教师在绩效考核、职称评聘、评先评优等方面享受同等待遇。

(二)加大经费投入

资金投入是劳动教育顺利开展的物质保证,经费不足会严重阻碍劳动教育的可持续发展。因此,要保障劳动育人的实效性,高校要加大资金投入,确保每学年有专项经费投入到劳动教育的工作中,助力劳动教育的课程建设、教师培训、基地建设、评优表彰等方面常态化发展。同时,高校还可以采取多种形式筹措资金,如联合政府、企事业单位、知名校友等,吸引社会各方力量的捐赠,为劳动教学设施设备的日常更新保养和维护提供资金保障,保证教育教学设施设备满足师生需要。

(三)提供物质支持

物质支持也是劳动教育顺利开展的重要保障,包括为各学院学科发展提供相应的教学设施、设备、器材、场地。为学校师生的劳动教育课堂提供充足的书籍和音像资料、教学器材,为劳动教育实践活动提供校内、校外的实践场所。为教师的专业发展提供物质支持,如为教师的劳动教育培训和劳动教育科学研究等提供场所、工具等支持。

四、构建共育体系

学校不是开展劳动教育的孤岛,劳动教育从来不只是高校一方的职责,因此需要打破以往高校教育相对自我封闭的状态,积极构建学生、家庭、学校、社会四方联动、协同育人的整合机制。提升高校劳动教育的效果,要充分调动高校学生参与劳动教育的积极性,并且以高校作为主阵地,发挥其在劳动教育中的关键性作用和主导性作用,同时也要发挥家庭劳动教育和社会劳动教育的协同推进作用,互相取长补短,推动劳动教育效益最优化。

(一)调动学生参与劳动教育的主动性

高校学生参与劳动教育的主动性是影响劳动教育实施效果的重要内在因素,因此,学校劳动教育应从提升学生参与劳动教育的主动性出发,激发学生从内至外的劳动主动性。

1.引导学生树立正确的劳动观念。正确的劳动价值观引导着学生的正确的劳动实践行为,高校应通过开设劳动教育理论课堂、举办劳动实践活动,让学生理解劳动的重要性,向学生传递劳动最光荣、劳动最崇高、劳动最伟大、劳动最美丽的劳动价值观,唤醒高校学生对劳动的热情和兴趣,愿意主动了解劳动教育知识、参与劳动实践。

2. 帮助学生掌握熟练的劳动技能。掌握熟练的劳动技能能够帮助学生理解劳动教育理论知识、提高适应社会的能力。因此,高校应为学生创建良好的教育平台,通过开设不同专业的各类实践课程、创办各类实践基地、举办各类比赛等方式,使学生能够根据专业的特点完善劳动技能培育,逐步熟练自身的劳动技能,并且加深对劳动教育知识的掌握和劳动教育理论的理解。

3. 鼓励学生参与劳动实践锻炼。劳动实践锻炼能够将学生的劳动认知转化为实际的劳动行为和习惯,并且能够使学生在具体的劳动中形成积极的劳动精神和品质。因此,高校应加大投入力度,丰富拓展劳动教育实践场所,为学生提供丰富的学习资源、良好的实践情境。同时,在实践过程中要采取各种激励机制引导学生在实践锻炼中增强感知体悟,激发劳动实践锻炼的欲望,进而使学生在实践中养成自觉自愿、坚持不懈、吃苦耐劳等劳动品质。

(二)发挥家庭在劳动教育中的基础作用

家庭是人生的第一所学校,家长是孩子的第一任老师,家庭教育是人才培养的奠基工程,家庭在劳动教育中也发挥着奠基作用,对子女的教育有着巨大影响。然而,就当前状况来说,高校学生大多为独生子女,在他们进入大学之前,家长承担了子女生活中很多方面的劳动,造成子女劳动能力的弱化,将子女培养成了"衣来伸手,饭来张口"的单向度发展的人。因此,在高校劳动教育开展过程中,要将家庭纳入其中,充分挖掘并发挥家庭所承担的育人功能,帮助学生树立正确的劳动观念,促使他们养成良好的劳动习惯。高校应该和家庭建立共育共治机制,可以通过QQ、微信群、公众号等方式向家长推送高校有关劳动教育的理念和方式,或者对家长开展定期培训,增加劳动教育知识,掌握多样劳动教育方法,承担教育子女的职责,以更适合子女成长的方法教育孩子尊重和热爱劳动,从而营造一种和谐向上的家校劳育氛围。此外,高校还可以通过新型社交媒体平台与各个家庭建立线上联系,积极沟通,动态掌握学生在生活中的实际劳动表现,并予以考核评价,与学生的综合素质评价以及评优、评先相结合。

(三)重视社会在劳动教育中的支撑作用

社会是一个复杂的有机体,是不同团体、个人获取经验、交往交流的重要场所,同时也汇集了各种丰富的资源。要保证高校劳动教育的持久开展,高校就必须充分调动社会各方的力量与资源,发挥社会对教育的支撑作用。

1.争取企事业单位的广泛参与。高校应积极调动企事业单位力量,加强学校与企事业单位之间的合作,充分利用其独特的优势。一方面,可以与企事业单位协商合作,共享开放实践场所,为学校提供劳动实践平台和实习场地;另一方面,高校可以通过融合企事业单位与学校的人才培养模式,为高校学生提供就业创业平台。比如,学校可以通过产教融合的方式加强和企事业单位联合,把产业与教学密切结合,相互支持,相互促进,为大学生提供多样化的实习实践环境和一线生产管理实践岗位,帮助大学生深入一线了解社会,加强劳动技能,提升劳动素养。总之,争取企事业单位广泛参与学校的劳动教育能够为青年大学生提供丰富生动的现场劳动教育,使他们通过劳动现场的切身感受,理解劳动和劳动者的意义和伟大,在敬佩中树立起正确的劳动价值观,为以后走向社会、成为合格乃至优秀的劳动者奠定坚实基础。

2.充分利用工会、共青团、妇联等群团组织在劳动教育中的独特力量。工会是职工群众组织,它和劳动和劳动者有着天然的联系,高校可以主动联系工会,充分发挥其独特的人才优势,积极推进劳模、大国工匠和先进人物进校园,用现身说法的榜样教育法,弘扬积极的劳动精神。共青团作为青年群体组织,和青年学生联系密切,具有教育青年的独特优势。高校应充分利用本校、本地区共青团的优势,积极配合其开展适合青年特点的、多种形式的劳动教育,如鼓励积极劳动的公益活动。妇联是联系广大妇女群众的组织,妇女在家庭和社会中都起着重要的作用,尤其是在家庭教育方面起着关键的作用。高校可以将自身的育人优势与妇联动员、组织妇女的优势相结合,定期组织家庭妇女培训,提升她们的劳动教育意识,增长劳动教育知识,掌握劳动教育方法,搞好对孩子的劳动教育。

3.整合媒体资源,加大宣传力度。在信息化时代快速发展的今天,新时代互联网的高速发展,主流媒体的快速运行,是加强劳动教育宣传力度的最好机遇。因此,高校应该善于整合社会媒体资源,利用线上和线下两种形式加大对劳动教育的宣传力度,营造良好的舆论环境。新媒体具有传播速度快、门槛低、方式新颖等优势,如果将其作为高校劳动教育的宣传途径,对劳动教育的政策、目标、内容、方法等进行宣传,对具有劳动教育意义的故事进行报道,社会、高校、家庭学生对于劳动教育的理解与重视度必定会大大提高,使劳动教育深入人心。此外,在做好线上宣传工作的同时,也要将线下的推广行动落到实处。高校可以采取定期组织学生参观劳动模范的展览馆或纪念馆的方式使学生了解人物的先进事迹,理解其优秀品质,在达到宣传效果的同时也能让学生感同身受,从而将榜样人物的高尚品质内化于心,外化于行。此外,高校也可以发动文艺界的力量,发挥其爆发式的宣传功能,组织文艺演出进校园等活动,让高校学生亲身接触一些反映劳动精神与风貌的优秀作品,引导青年学子树立正确的劳动观念,养成勤俭节约、敬业奉献、开拓创新、砥砺奋进的新时代劳动精神。

第二节 院系层面的实施职责

学校在对劳动教育的开展进行顶层设计、组织规划之后,高校劳动教育能否有效实施,效果如何,关键还在于院系层面。院系作为大学生劳动教育的直接领导者和推进者,承载着劳动课程建设和劳动实践组织等任务,是劳动教育开展与实施的前沿阵地。在劳动教育开展过程中,院系层面的实施职责主要表现为从培养方案、课程建设和条件建设三个方面入手,依靠学校已有资源与平台,形成科学合理的育人机制,从而引导学生树立正确的劳动观念、掌握必备的劳动技能、养成良好的劳动习惯和品质,全面提高学生劳动素养,实现知行合一,促进学生形成正确的世界观、人生观、价值观。

一、修订培养方案

劳动教育的实践性使其区别于传统的知识教育和实践教学,其改革和推进绝不是院系在专业人才培养方案中简单开设两门课,更不是老师在某门课程中单纯讲两节课,告诉学生什么是劳动教育就可以实现的。相反,院系层面要结合人才培养定位,推进劳动教育进入人才培养方案,将劳动教育贯穿于人才培养和学生发展的全链条和全环节,构建完整的劳动教育育人体系。

院系层面要将劳动教育主动融入培养方案的培养目标和毕业要求中,建构德智体美劳全面发展的人才培养目标体系。高校劳动教育的最终目的是让大学生有创造未来美好生活的能力,这种能力需要知识、能力和情感的共同加持。因此,新时代高校劳动教育的目标应从认知、情感、动作技能三个维度进行强化。具体而言,就是要培育劳动观念、端正劳动态度、养成劳动习惯、增强劳动情感、增长劳动知识、提升劳动技能,培养具有劳动知识、劳动技术素养、劳动精神、劳模精神、工匠精神,能够辛勤劳动、诚实劳动、创造性劳动的社会主义建设者和接班人。为此,院系层面在修订培养方案时,要摒弃对劳动教育目标的狭隘化、功利化认识。要结合新时代社会发展需要和教育规律,循序渐进地设定融劳动价值观塑造和劳动知识与技能、劳动精神、劳动习惯与品质培养于一体的劳动教育目标观。以劳动价值观的塑造作为劳动教育的长远性目标,夯实新时代大学生的敬业精神、合作精神、奋斗意识、责任意识等优良劳动素质的培养,在此前提下依次进阶,设计劳动意识培养目标、劳动精神培养目标、劳动能力培养目标,切实提高新时代大学生劳动意识与能力。

将劳动教育融入人才培养目标体系后,院系层面要按照劳动教育所要实现的知识、能力和素质要求,架构劳动教育的课程体系,设置适当的课时学分。《大中小学劳动教育指导纲要(试行)》提出:普通高等学校要将劳动教育纳入专业人才培养方案,明确主要依托的课程,可在已有课程中专设劳动教育模块,也可专门开设劳动专题教育必修课,本科阶段不少于32学时;课程内容应加强马克思主义劳动观教育,普及与学生职业发展密切相关的通用劳动科学知识,并经历必要的实践体验。为此,院系层面需要结合自身人才培养目标和专业培养特色,明确本专业开展劳动教育的主要依托课程,构建包含理论知识学习和实践技能训练在内的劳动教育课程体系,设置相应的学时和学分。课程设置后,院系层面要组织教师修订劳动教育依托课程的课程大纲,结合专业教育在具体的课程实施中设定劳动教育的内容和任务。

二、加强课程建设

在高校劳动教育中,不同院系课程建设的侧重点不同。如承担公共课教学任务的马克思主义学院,要加强思想政治理论课和大学生就业指导课等公共课建设,注重马克思主义劳动观的学习和劳动精神的培育;承担专业课教学任务的学院要注重结合专业人才培养目标,明确劳动教育依托课程和实践渠道,加强课程建设,注重学生劳动知识学习、劳动技能训练和劳动价值观塑造。

(一)加强思想政治理论课建设

思想政治理论课要用马克思主义劳动观解读劳动精神,从理论上阐释和阐发劳动创造世界、创造历史和创造人本身的理论根源,让学生理解劳动创造价值,劳动是财富和幸福的源泉,是实现人的全面发展的重要途径。思想政治理论课在高校劳动教育课程体系中居于重要地位,发挥着铸魂领航的重要作用。高校劳动教育与思想政治教育的目标具有同向性,内容具有关联性,将劳动教育与思想政治教育相融合,深入挖掘课程内容和教学方式中蕴含的劳动教育资源,有利于加强"活性劳动知识"的学习,强化劳动教育的道德引领和精神塑造,帮助学生塑造和培养正确的劳动价值观、劳动态度、劳动品德,努力成为德智体美劳全面发展的社会主义建设者和接班人。思想政治理论课要充分发挥自身育人的主渠道和主阵地作用,充分挖掘课程中蕴含的劳动精神实质和元素,从哲学、历史、伦理道德、中外比较等多方面促进劳动教育与思想政治教育的融合创新,形成德育与劳动教育的协同效应。学院要深入研究劳动和劳动教育在马克思主义理论体系和中国特色社会主义理论体系中的地位,学习习近平总书记关于劳动的重要论述,通过课程教学,让学生深刻认识劳动的重要价值,理解劳动与人类社会发展、与中华民族伟大复兴、与劳动者个人幸福之间相互统一的辩证关系,让劳动最光荣、劳动最崇高、劳动最伟大、劳动最美丽的价值引领内化于心、外化于行。

(二)加强劳动教育依托课程建设

承担专业教学任务的院系要促进劳动教育和专业教育相结合,加强专业教育中劳动教育主要依托课程的建设。劳动教育和专业教育具有内在的一致性和统一性。一方面,专业课程学习本身就是一种精神劳动,学习过程本质上就是劳动教育。另一方面,专业教育的最终目标也符合劳动的根本需求。为此,院系层面首先是要拓宽专业视野,切实推进劳动教育与不同学科的融合。在专业课程教育中,到处都是劳动教育资源。例如,在人文社会科学领域,古代文学教材中有很多关于劳动的记述,诸子百家中也有很多关于劳动的观点。教师在课堂中一边分析这些作品一边穿插古代劳动观,不仅有助于学生对作品本身的理解,也有助于学生把握古代社会的劳动观。在自然科学领域,真实的科学研究,如理科的物理学实验、化学实验、数量统计成为毫无疑问的劳动,天文观测、地质勘探等也具有明显的劳动特点,在工科中机械、电气、建筑、数理等应用研究技术和工艺都是劳动教育和自身专业相结合的生动实践。院系层面要通过基层教学组织中的课程教学研讨,将劳动教育融入专业课程教学,通过发掘教材本身所具有的劳动教育元素,在实施专业教学的同时,潜移默化地培育学生的劳动观念、劳动意识和劳动习惯。同时,劳动意识、劳动人权、劳动伦理、劳动关系、劳动条件、就业平等、社会保障、员工福利、工作安全卫生、劳动法和劳动职业生涯发展教育等相关内容也要融入专业教育中,为学生提供完整、系统的劳动教育。

(三)拓宽劳动教育实践渠道

1.要加强专业实践类课程建设,在专业实践活动中强化劳动实践。专业性的实践活动本身就是一种劳动实践活动,是开展新时代大学生劳动教育的主要阵地。在专业性实践课程中发挥"以劳树德、以劳益智、以劳健体、以劳育美"的教育功能,是培养德智体美劳全面发展的社会主义建设者和接班人的主要途径。首先,优化专业实践教学体系,加强劳动教育与实验、实习和实训等教学环节的融合,建立科学的实践教学课程体系。根据相关专业教育质量国家标准和培养要求,整合相关行业企业专业人才的岗位标准,开设与行业特点、创新创业和就业密切相关的实践教学课程。通过课程实践重点提升学生的专业性劳动知识和劳动技能。

2.规范实践教学管理,完善各项实践教学规章制度。包括:一是建立实验教学规范,实习实训教学标准,促使学生结合专业知识的学习提升创新精神、创业意识和创新创业能力。二是要加强社会实践类课程建设,在社会实践活动中强化劳动实践。社会实践更加注重知识在社会生活中的应用和发展,把教育与生产劳动和社会实践结合起来是马克思主义劳动观的进一步丰富和拓展。在社会实践过程中,学生的劳动观念和理论知识得到进一步验证、运用和发展,所以,加强社会实践课程建设更具有时代性和现实性。具体而言,一方面要把劳动教育融入社会实践。大学要积极组织以弘扬劳模精神和工匠精神为主题的讲座、论坛、沙龙,开展以"劳动"为主题的演讲大会、摄影比赛等活动,传播劳动精神、劳模精神和工匠精神。定期举办劳动技能比赛,让学生积极参与其中,感受劳动的乐趣。另一方面,将劳动教育与志愿者服务相结合。通过开展"暑期三下乡""社会志愿者服务""青年志愿者智力指向小分队""青年乡村创客"等志愿者活动,培育学生的公共服务意识和主动作为的奉献精神。同时,积极创作以模范工人故事汇、模范工人事迹巡演、青年劳动之声等劳动教育为主题的优秀网络文化作品,不断扩大网络的积极能量,弘扬劳动的主旋律。

三、强化条件建设

高校劳动教育的实施离不开院系层面切实的资源支持和条件保障,院系层面同样需要加强劳动教育的条件建设,强化支持保障。院系层面尤其是要结合本单位人才培养实际,强化劳动教育所需要的师资、场地、设施等资源支持,进行合理规划和统筹安排,为劳动教育的实施创造必要条件。

(一)强化劳动教育师资队伍建设

劳动教育师资队伍在整个劳动教育的体系构建、工作组织和具体实施过程中居于主导地位,其水平和修养对于高校劳动教育的组织实施具有十分重要的意义,甚至在一定程度上决定着劳动教育的成效。因此,院系层面要结合自身专业特色和师资情况,强化劳动教育师资队伍建设,结合劳动教育课程,遴选一支劳动教育师资队伍,明确授课教师应具备的知识与能力。具体而言,这支队伍首先应树立马克思主义劳动观,具备一定的劳动理论水平和实践指导能力。教师应全面掌握马克思主义劳动观的精髓和实质,同时,指导大学生理解马克思主义劳动观、明确劳动的价值和意义,明白为什么要劳动,在专业成长中如何进行有效劳动。其次,这支队伍要具备分析解决劳动教育中相关问题的能力,对于大学生在劳动过程中出现的问题和难点能够给予正确分析、讲解和指导。再次,这支队伍还应熟悉劳动教育相关政策,指导学生树立创新性劳动、创造性劳动的理念,并在劳动实践中实施。此外,这支队伍还要具备劳动教育课程教学能力。按照课程要求,上好各类劳动教育课,指导学生增强劳动意识,端正劳动态度,增强劳动能力,重视发现劳动实践过程中的好榜样,做好学生在劳动过程中的宣传思想教育工作。

(二)强化劳动教育实践基地建设

院系层面要积极推进产教融合和校企合作,充分利用现有实践教学基地开展专业性生产劳动,逐步建好配齐劳动技术实践教室、实训基地,丰富劳动教育资源。新时代背景下,劳动教育的内涵呈现出新的特点,教劳结合既强调劳动富有教育意义,又强调提升教育的活力。当务之急,院系层面应努力拓展和创新劳动教育的实践平台,让学生正确运用马克思主义劳动观点,实现劳动理念认知和劳动行为实践的集中统一。一方面,学校作为马克思主义劳动观教育的主阵地,应将劳动教育与学生的日常生活和专业学习相结合,建好配齐专业实训场所,在校内打造院系层面的劳动育人实践平台,营造劳动育人的浓厚氛围。另一方面,社会为劳动教育提供最大的实践资源。院系层面要结合自身专业特色和当地实际与社会需求,引导学生广泛开展社区服务与公益劳动、兴趣活动与创新创业、工农业生产劳动。只有通过校内外协调联动,构建科学合理的劳动实践平台,才能启发学生准确地将马克思主义劳动观运用于现实生活,在劳动实践中不断领略劳动的幸福和美丽,从根本上实现马克思主义劳动观教育的价值旨归。此外,还应充分利用好学生课外实践活动。在各个高校中,学生往往根据兴趣和意愿选择适合自己的课外实践活动,如社团活动、报告论坛、科技活动等。这些活动以学生的兴趣为起点,与学生生活紧密相连,并且蕴含着丰富的劳动教育因素。各院系要结合专业特色和自身实际,积极筹办各种学科竞赛和论坛活动,在各种劳动教育主题活动的筹备、组织、开展中融入劳动教育内容,让学生既受到劳动价值观的熏陶,又能提高劳动水平。

院系是高校开展学术活动的重要阵地,劳动教育实施过程中的诸多矛盾与问题,都会在院系实施过程中显现并最终在院系层面得以解决。院系最了解劳动教育发展的现状及实施过程中的优势与劣势,洞悉劳动教育的发展方向和实现途径。因而劳动教育的推动与实施需要院系层面每一位教育工作者的努力。

第三节　教师层面的指导职责

高校劳动教育开展依托学校建设和院系保障,要在学校、院系提供的优良平台和学生积极参与之间搭建桥梁。高校教师作为教书育人的一线人员,是连接校院工作和学生工作的纽带。作为学生成长的引路人,承担着指导学生思想观念、专业学习、社会实践和未来发展等多方面的职责。在劳动教育开展过程中,高校教师指导职责主要表现为引导学生树立劳动价值观、教导学生掌握劳动技能、促进学生涵养劳动情怀,从知识、技能、情感等多个角度全面指导学生形成良好的劳动品质。

一、引导学生树立劳动价值观

高校教师肩负教书育人的崇高使命,需要准确把握社会主义建设者和接班人的劳动精神面貌、劳动价值取向和劳动技能水平的培养要求。要引导学生崇尚劳动、尊重劳动,懂得劳动最光荣、劳动最崇高、劳动最伟大、劳动最美丽的道理,高校教师首先要提升自我劳动教育认知,为教育学生做好知识准备。一方面,高校教师要提高劳动教育意识,在思想上充分认识劳动教育的重要作用,认识劳动教育的不可替代性,同时自身不断增强服务意识和社会责任感,提高探索创新精神和解决问题的实践能力,夯实在劳动教育开展过程中做好学生思想教育和实践指导工作的基础,最大限度发挥劳动教育的综合育人作用。另一方面,高校教师要探索开展劳动教育并指导学生参与和实践劳动的方式和途径,根据社会需求、培养条件和指导能力,合理安排自身的工作时间,投入足够的时间和精力进行劳动教育指导,要以思想教育为引领,以专业课程学习为基础,分阶段、分类型精准落实劳动教育,按照学生成长规律和社会发展需要向学生传授劳动知识、劳动技能,让学生充分认识和理解劳动的内涵,并引导学生树立正确的劳动价值观,培养学生劳动观念、劳动习惯,提高学生劳动品质、劳动素养,最终实现学生全面发展。

(一)在学生日常管理中渗透劳动教育,深化学生劳动认识

教师要通过言传身教、劳动主题教育、劳动教育经典书籍导读以及开展学生活动等,潜移默化地引导学生摒弃"仅把劳动视为获取物质福利手段"的错误观点。引导学生继承中华民族勤俭节约、敬业奉献的优良传统,形成热爱劳动、尊重劳动、诚实守信、吃苦耐劳的劳动习惯和品质。强调在劳动创造中感受幸福,激发新时代大学生从被动接受到主动参与劳动创造的兴趣热情,引导他们主动将劳动教育外在工具价值与内在终极价值、个人发展成长与国家富强进步有机结合,最终实现劳动观念内化于心,劳动行动外化于行的劳动教育的个体自觉。

(二)将劳动教育与思想政治理论课程相结合,增强学生思想底蕴

思想的政治理论课程作为高校进行思想政治教育的主要渠道,是引导学生树立正确的劳动价值观的关键载体,课程内容凸显了劳动教育的基础性、贯通性、时代性和价值性。教师在教学中既要着重强调马克思主义劳动价值观,帮助学生从思想源头认识劳动创造世界、创造历史和创造人本身的历史唯物主义观,理解劳动是人的本质、是人全面发展的重要途径的唯物史观;也要系统学习毛泽东思想、邓小平理论、"三个代表"重要思想、科学发展观和习近平新时代中国特色社会主义思想理论体系中关于劳动的重要论

述,结合中国历史发展和当今时代变革阐明劳动在中国发展中的推动作用,帮助学生深刻理解马克思主义劳动观和社会主义劳动关系。

(三)将劳动教育融入专业课程教学,增长学生劳动知识

专业课程是高校学生在校学习的核心内容,通过专业课程能够培养具备专业知识和技能的人才,并将他们输送到社会发展所需的各个岗位。虽然课程种类多样,但课程内容都具有劳动属性。一方面,课程内容本就涉及劳动技术的科学原理、劳动技能的具体流程、从事某种劳动所需的基本要求等。另一方面,各个专业也具有实践操作的相关内容,如自然科学学科的实验研究能够让学生掌握某一事物的内在机理和运作方式,增强学生的创新创造能力;人文社会学科的社会调查能够让学生了解社会发展现实,加强学生的社会认同感和责任感等。因而教师在教授专业知识的基础上,需进一步落实《关于全面加强新时代大中小学劳动教育的意见》所提出的"其他课程结合学科、专业特点,有机融入劳动教育内容",充分发挥专业课程的劳动属性,以劳动育人为导向,自觉融入劳动元素,构建具有专业特色的劳动教育课程。

(四)在考核评价中纳入劳动教育内容,增强学生劳动意识

高校教师在工作过程中应明确学生劳动教育的目标,并注重收集和汇总学生劳动教育过程的材料,强化学生劳动教育的日常评价,在时间纵向上形成长期的动态评价,在评价范围上形成劳动知识、技能和情感的综合评价,以评价引导和激励学生不断提高个人劳动素养。

二、引导学生掌握劳动技能

掌握劳动技能是学生自我发展与社会发展接轨的重要环节,学生只有熟练掌握劳动技能,才能将个人理想与现实社会发展有机结合。《关于全面加强新时代大中小学劳动教育的意见》指出,高等学校要注重围绕创新创业,

结合学科和专业积极开展实习实训、专业服务、社会实践、勤工助学等,重视新知识、新技术、新工艺、新方法应用,创造性地解决实际问题,使学生增强诚实劳动意识,积累职业经验,提升就业创业能力。高校劳动教育的开展现已呈现课上课下、校内校外贯通的趋势,教导学生掌握劳动技能不局限于课程的理论学习,教师应创造机会和条件将理论转化为实践,并带领学生走进田间地头、车间工厂、基层社区并将劳动技能予以运用。具体而言,教师可以从以下四个方面教导学生掌握劳动技能。

(一)加强课程内容的实践性

首先,将课程内容与社会生活密切联系,注重基本原理与当代实践的互通互融,实现在理论中融汇生活、在生活中提炼理论。其次,运用探究式教学、项目式学习、研究性学习等方式方法开展课堂教学,以问题为线索,通过发现问题、分析问题,引导学生提出新认识、新思路、新观点,创造性地解决问题,综合培养学生的思维能力、实践能力、创新能力。再次,设计与课程内容相关的主题活动,运用演讲辩论、模拟法庭、研讨会等多种形式与学生共同探讨真实问题。

(二)指导专业实习实训

实习实训是将专业理论知识和技能从"知道"转化为"运用"的过程,是培养学生专业能力与就业竞争力的教学环节,是高校学生直接参与劳动并熟悉未来就业岗位的主要方式。高校教师在实习实训中要从定目标、督过程、悟收获等多方面发挥指导作用。"定目标"即确定实习实训的目标和任务,让学生懂得参与实习实训的意义,让参加者有目的、有问题、有思考地学习;"督过程"是指教师要全程组织和监督,全面掌握实习实训情况,指导学生处理实习实训中遇到的疑难问题,推动实习实训工作顺利开展;"悟收获"即教师要指导学生总结问题、积累经验,让学生不仅通过专业教师指导和示范,熟练劳动技能,也能够通过劳动实践体会劳动的价值与意义。

（三）开展社会实践和志愿服务活动

教育要同生产劳动和社会实践相结合，高校结合学校办学实际为学生提供多样的社会实践和志愿服务活动，教师在其中扮演着倡导者、组织者、指导者和参与者等多重身份。教师作为倡导者，要积极号召学生参与社会实践和志愿服务活动，让学生了解活动内容，对社会实践和志愿服务产生兴趣并主动参与。作为组织者，教师在继承以往经验的基础上，要注重切合当代社会发展需要，深入基层社区、乡村地区以及其他需要关注的地区开展社会实践和志愿活动。作为指导者，教师需要明确活动的方向目标和实施流程，必要时为学生提供技能指导和其他支持。作为参与者，教师要全心投入社会实践和志愿服务活动，尤其要做好指导工作、管理工作和监督工作，让活动效果达到预期的意义与价值。

（四）鼓励学生参与创新创业

创新创业教育的重点内容是鼓励学生开展具有挑战性的劳动，传统劳动方式只能延续社会生产，只有具有挑战性的劳动才能改变社会生产，创新创业教育就是鼓励学生不断尝试创新劳动方式。[1]教师可以通过指导学生学习创新创业课程内容、申报创新创业类科研项目、参加创新创业训练计划、参与实际创业项目等多种方式，以劳动教育为基础、结合专业特点和社会需求，培育学生创新创业精神、训练创新创业思维，让学生认识到劳动的传统形态与新形态的关系，切实提升学生改造和创新传统劳动的意识，提高学生劳动创造力和劳动实践能力。

三、促进学生涵养劳动情怀

劳动教育的目的，在谋手脑相长，以增进自立之能力，获得事物之真知及了解劳动者之甘苦。劳动教育在树立劳动观、掌握劳动技能的基础上，也要让学生关注劳动者群体，了解真实劳动者的故事，体会、学习并发扬劳动精

---

[1]梅月平.实现劳动教育与创业教育的同力同行[J].人民论坛,2020(30):60—61.

神,涵养劳动情怀。这要求教师不仅要在专业知识和技能上给予学生支持,也要在培育学生劳动情怀上下功夫。通过舆论引导、氛围营造和榜样示范等途径让学生在耳濡目染中,深刻感受劳动者的真挚情怀;通过讲好劳模故事、发掘身边典型劳动故事、向劳动者致敬与学习,让劳模精神、劳动精神、工匠精神深入人心。

(一)向学生讲好劳动模范事迹

习近平总书记指出:"劳动模范是劳动群众的杰出代表,是最美的劳动者。劳动模范身上体现的'爱岗敬业、争创一流,艰苦奋斗、勇于创新,淡泊名利、甘于奉献'的劳模精神,是伟大时代精神的生动体现。"劳模事迹具有较强感染力和说服力,通过劳模生动的形象,让其身上所体现出的劳动情怀入脑入心。教师要善于运用劳模事迹丰富教学内容,使知识技能学习和情感体验相融合;策划劳动精神教育主题活动,如设立劳动模范墙、开展主题展览、创立劳模文化活动室等,营造崇尚劳模精神的文化氛围;依托"网络育人",做好劳模精神网络宣传工作,借助网络丰富的资源使劳模精神的宣传及培育更为多样化、立体化、具象化。

(二)注重发掘身边劳动故事

培育劳动情怀除了学习具有典型性和代表性的劳动模范事迹外,要引导学生发现身边的优秀劳动者,包括学校的管理人员、教师、学生、后勤人员等;引导学生在实习、实训、考察、调研中走进生产劳动一线,走进企业、社区、乡村,同广大普通劳动者交往、交流、交心,增进与普通劳动者的感情。组织学生通过观察、采访、亲身实践等多种方式,了解劳动者的日常劳动,提炼优良的劳动品质、发掘身边的劳动故事,促进学生关注劳动群体,推动劳动教育落地生根。

(三)组织学生向劳动者致敬与学习

教师要善于运用先进集体、优秀群体和劳动者的精神和力量开展劳动教育。一方面,通过宣讲、展览和演出等形式,宣扬劳动者的优良作风和优秀事迹,引导学生进行观看和汇报,领会劳动精神;另一方面,结合实习实训、社会实践和志愿服务,组织学生参与其中,体会劳动情怀。教师既要切身指导和参与宣传活动,把握活动始终围绕"劳动""劳动精神""劳动情怀"等关键词展开,也要引导学生深入体会劳动者辛勤劳动、诚实劳动、创造劳动的优良品质,促进劳动情怀深入人心。

综上,劳动教育有效、优质开展的关键是高校教师要组成一支劳动素养过硬的队伍,推动劳动教育在课程中的全面融入,以及开发和建设专业的劳动教育课程。高校教师要坚持以马克思主义劳动观和新时代党对劳动教育的新要求为指导,强化对学生劳动观念的引导、劳动知识的传授、劳动技能的训练、劳动实践的指导和劳动情怀的培养,促使学生形成正确的劳动观念、具备必备的劳动技能、培育积极的劳动精神,让学生尊重劳动、热爱劳动、崇尚劳动。同时,教师在履行指导职责时也要兼顾全过程监督与评价。

第四节 学生层面的学习职责

劳动教育是为学生全面发展服务的。劳动教育既能让学生不断认识和检验自己的能力和才干,逐渐理解劳动在自己未来生活中的地位和作用,又能让学生通过树立劳动最光荣、劳动最崇高、劳动最伟大、劳动最美丽的观念,弘扬民族精神,发挥中华民族优良传统,成为担当民族复兴大任的时代新人。开展劳动教育不仅需要靠学校、学院和教师的支撑和指导,更需要学生自己履行学习职责,激发劳动主体意识,发挥劳动主动性、自觉性和积极性,汲取劳动知识,养成劳动习惯,锻炼劳动能力,领悟劳动精神,全面提升个人劳动素养。

一、主动汲取劳动知识

劳动知识是劳动教育的基础,通过掌握具体劳动知识,能解决实践问题,夯实劳动素养,提升知识基底。学生在校生活和学习中要主动获取劳动教育的相关信息,阅读劳动教育经典书籍和报刊,积极参与劳动教育活动,并及时做好总结汇报。劳动知识获取可以通过以下渠道。

(一)积极获取信息

学生可通过劳动教育专题讲座、课程研习、主题演讲等活动主动获取相关劳动知识信息。例如,通过学校官网、公众号、宣传展板、询问相关负责人等多种方式,获取活动开展时间、地点、主题等信息,并向其他人进行宣传和告知,号召更多同学一起学习。

(二)系统阅读经典

系统学习关于劳动教育的重要论述、经典书目和篇目。在阅读中应做好读书笔记,写好读书感悟,以深化个人思想认识。

(三)主动参加活动

主动参加专题讲座、课程研习、主题演讲等劳动教育相关活动。参加活动时积极做记录、谈感悟。做记录主要记录劳动教育活动的主题以及核心内容;谈感悟应围绕活动主题,并结合自身劳动实践,将感悟谈实、谈深。

(四)乐于汇报分享

在阅读书籍和参加活动后,学生个人可以主动与教师或同学分享所读所思,也可以由教师或相关负责人组织分享会、座谈会,为学生提供面对面交流的平台,实现师生、生生之间互学互促。

二、自觉践行劳动实践

劳动教育不是刻意、强制的观念和行为,而是依存于自觉意识、自觉追求和自觉行为的过程中,应该把劳动的理念和行为渗透到生活、学习、工作的各个环节中,使之成为一种生存方式。《关于全面加强新时代大中小学劳动教育的意见》提出"以日常生活劳动、生产劳动和服务性劳动为主要内容开展劳动教育"。在高校开展劳动教育也应让学生投入到以上三个方面的实践中,养成劳动习惯,全面锻炼并提高劳动能力。

(一)积极开展日常生活劳动实践

学生应常态化地开展劳动实践,通过生活劳动,保持良好的个人卫生习惯,完成个人物品整理、清洗,自觉做好宿舍清扫和垃圾分类,增强义务劳动意识。通过责任劳动,保持公共环境良好,不损坏各种设施和劳动工具,不随意丢弃固体垃圾,不在公共场所喧哗吵闹、不围观起哄等,养成尊重劳动和热爱劳动的意识。通过巩固良好劳动习惯,提高劳动自立自强能力,共创一个安静、整洁、卫生、舒适的学习生活环境。

(二)认真完成生产劳动实践

学生应在真实的生产环境和社会工作中开展劳动实践活动,体验生产劳动过程,保质保量完成教师或相关负责人分配的生产劳动任务,运用所学知识解决实际问题,以提升专业劳动能力。人文社会科学类专业学生要将生产劳动实践与专业实习、社会实践、田野调查、毕业实习、毕业论文等进行有机结合;自然科学类专业学生的生产劳动要结合生产实习、专业实习、工程实训、毕业设计等进行开展。

(三)踊跃参加服务性质的劳动

学生应主动报名和申请加入带有公益性质和志愿性质的劳动,通过参加服务性劳动,强化个人公共服务意识和主动奉献精神,提高综合劳动能力。

公益性劳动实践多集中在校内,如教室、食堂、校园场所的卫生保洁、绿化美化和管理服务等;志愿服务性社会实践需要学生深入基层、深入乡村,包括"三支一扶"、大学生志愿服务西部计划、"青春红色逐梦之旅""三下乡"等活动和项目。

三、积极锻炼劳动技能

劳动技能的学习是劳动教育的重要内容。实际运用劳动技能可以帮助学生巩固理论知识,将课本理论转化为劳动实践,同时运用劳动技能的过程中能让学生自己发现真实问题并思考解决方法,激发学生的劳动潜力,进而熟练掌握、综合迁移、创新创造劳动方式和技能,成为勤于劳动、善于创新的劳动者。根据高校学生学习需求和社会发展对人才的要求,学生应积极锻炼并不断提高以下三个方面的劳动技能。

(一)夯实专业性劳动技能

专业性劳动技能是学生在专业教育中必备的核心技能,学生通过将理论知识技能化以及劳动技能理论化不断夯实专业基础。理论知识技能化即用生产原理和操作流程说明等理论知识指导学生使用劳动技能;劳动技能理论化即在使用劳动技能过程中提炼和优化原始的专业知识,二者相辅相成。

(二)扩充综合性劳动技能

综合性劳动技能包括单项综合性劳动技能和职业综合性劳动技能两类,单向综合性劳动技能包括考取普通话等级证书、外语等级证书、计算机等级证书等。职业综合性劳动技能包括考取各类职业资格证书,如导游资格证书律师资格证书、教师资格证书、心理咨询师证书等。通过锻炼多样化的综合性劳动技能,成为掌握多种技能的复合型人才。

(三)提升创造性劳动能力

学生在专业实践中应勇敢尝试新方法、探索新技术、解决新问题,同时学生也可以多次参加诸如"互联网+"大学生创新创业大赛、国家级大学生创新创业训练计划项目等,着重培养个人创新精神和实践能力。同时依托学校的创新创业教育,学生要善于在新时代、新形势、新背景下开展创造性劳动,充分发挥新观念、新思想、新途径,革新劳动理念和劳动方式,发展新业务,打开新局面。

四、深刻领悟劳动精神

学生在学习和掌握基本劳动知识技能的过程中,应深刻领悟劳动的意义和价值,形成勤俭、奋斗、创新、奉献的劳动精神。前文已详细阐述了学生通过学习专业知识、参与劳动实践、锻炼劳动技能等"置身其中"的方式,经历劳动过程并体悟劳动精神。除此之外,学生也可以通过观察、记录和分享等"置身其外"的方式总结并感悟劳动精神。

(一)作为劳动观察者,要善于观察生活中的劳动群体

在学习和生活中关注各行业劳动者,留意不同劳动群体的劳动特点、劳作方式、劳动品质,参观基层社区、实训基地以及其他生产劳动场所。体会劳动者坚守岗位、吃苦耐劳、迎难而上、挑战创新等品质,增进与普通劳动者的感情,拓展劳动知识,提升劳动技能,养成劳动自觉。通过观察职业世界,学生能够树立正确的劳动观,理解劳动成就梦想、劳动开创未来。在平凡的劳动岗位上做出不平凡的业绩,从而为走入社会做好职业和思想准备。

(二)作为劳动记录者,要勤于记录实践中的所见所闻

在实际劳动实践中,可能会面临复杂的情况,如个人在专业实习中出现紧急突发情况、科研项目开展遇到瓶颈,或者在参观过程中发现问题等,学生需将其记录下来,向他人学习或自己探寻解决方法,并进行总结与反思,以寻求突破和创新。

(三)作为劳动分享者,要乐于分享劳动中的收获感悟

积极开展分享会、座谈会、论坛等,或通过作品展示和演出汇报的形式进行相互学习,通过分享学生能够丰富劳动体验,深化劳动感悟,从不同的视角出发领悟劳动精神,在与他人的交流中进一步理解劳动现象、学习劳动思想、认识劳动本质。

第四章　高校劳动教育方法创新

第一节　高校劳动教育方法创新的必要性

劳动教育是人生第一教育,是德智体美劳全面教育体系中的核心要素,对于落实"立德树人"根本任务,培养全面发展的社会主义建设者和接班人具有独特意义和重要价值。而切实增强新时代高校劳动教育方法创新,又是劳动教育中的关键环节,是增强劳动教育作用针对性的需要,是提高劳动教育效果实效性的需要,是促进劳动教育途径多样性的需要,是实现劳动教育的目标改造性的需要。

一、增强劳动教育针对性的需要

随着中国特色社会主义进入新时代,我国教育事业站上了新的起点,劳动教育进入了新阶段。面临着新形势,劳动教育的对象体现出了个性化和自主意识强,成长历程与新技术新产业发展紧密融合,重脑力劳动、轻体力劳动等特点。其劳动精神和劳动能力存在着弱化、淡化、软化的现象,这为新时代劳动教育提供了新的机遇和挑战,也提出了新的要求。《关于全面加强新时代大中小学劳动教育的意见》明确指出:"根据教育目标,针对不同学段、类型学生特点,以日常生活劳动、生产劳动和服务性劳动为主要内容开展劳动教育。"要切实增强劳动教育作用的针对性,就必须要进行劳动教育方法的创新,主要有以下三个方面的依据。

（一）促进当代青年成长成才的现实需要

培养和造就千百万社会主义事业的建设者和接班人，必须通过有效的方法推进劳动教育。针对不同类型、不同阶段、不同学科专业的大学生，应结合学科人才培养要求、学生发展需求和学校教育教学规划，分层分类采取不同的教育方式方法。根据年级不同，对低年级的大学生可以开设专门的劳动教育课程，包括劳动教育通识课、劳动专题讲座等，引导大学生树立马克思主义劳动观，涵养劳动精神、奋斗精神、创新精神，养成勤于劳动、善于劳动、乐于劳动的劳动习惯；对高年级的大学生可以开设更多的实践类劳动教育课程，以大学生就业指导、职业生涯规划和创新创业课程为依托，教育学生树立正确的劳动观和就业择业观。实践部分以日常生活劳动、生产劳动和服务性劳动为主，分类实施，与思政课程和专业课程有机融合。围绕专业特色，积极打造"专业+劳动实践""创新创业+劳动实践"。对学农的大学生，应组织他们走进田间地头、感受"鸟语花香"，形成对劳动伟大和劳动人民伟大的直观感受；对学工的大学生，应组织他们走进工厂、车间、产业园区等实际劳动场景中，在实际生产劳动中把握新知识、新方法、新工艺、新技术。

（二）适应时代发展的必然要求

"人民是历史的创造者，是决定党和国家前途命运的根本力量。"劳动是推进人类社会进步的根本力量，波澜壮阔的中华民族发展史是中国人民在劳动中书写的，中国人民在伟大的劳动奋斗中谱写了中国特色社会主义伟大事业的辉煌篇章。历史的车轮滚滚向前，中国特色社会主义进入新时代，赋予了劳动新的时代内涵和要求。站在"两个一百年"奋斗目标历史交汇的新起点上，实现中华民族伟大复兴中国梦，根本上要靠全国各族人民"辛勤劳动、诚实劳动、创造性劳动"，要培育符合时代发展的劳动精神、劳动情怀、劳动能力。要树立"实干兴邦"的劳动实践观、"民族复兴"的劳动发展观、"崇尚劳动"的劳动审美观、"热爱劳动"的劳动教育观。要"弘扬劳模精神和工匠精神，营造劳动光荣的社会风尚和精益求精的敬业风气"。"青年是祖国的希望,民族的未来。"优化高校劳动教育方法,推动劳动教育方法创新,不断增强劳动教育的思想性、针对性和亲和力,让广大青年投身实践,在增长才干和磨炼意志中感受劳动的伟大和幸福,形成热爱劳动和劳动人民的真挚情感,进而培养符合时代要求、担当民族复兴重任、德智体美劳全面发展的社会主义事业合格建设者和可靠接班人,这是教育事业的历史使命和必然选择。

(三)解决当前高校劳动教育中存在问题的内在要求

在现代教育发展的新形势新阶段下,党和国家把劳动教育摆到了前所未有的高度。但劳动教育中长期存在弱化、淡化、片面化等问题还有待进一步解决,仍存在"重智育、轻劳育""内容单调、方法单一""资源有限、平台不够""教学效果不佳、学生兴趣不高"等问题。解决存在的这些问题,一个有效的途径就是进行劳动教育方法创新。比如,针对受重视不够、课时不足的问题,可以优化劳动教育课程体系,坚持理论教育与实践教育相统一,在理论课程中结合中华民族的劳动实践阐述马克思主义劳动观,深化大学生对劳动精神、劳动文化、劳动法律法规的认识与理解,并推进劳动教育与思想政治教育、专业教育、体育、艺术教育的融合,推进劳动教育与课程劳育的结合。在实践课程中,突出课程教育与大学生的日常生活劳动、专业实习、社会服务的融合,注重大学生的自主策划、自主组织、自主劳动、自主感悟,发挥大学生的主动性和能动性,提升劳动自觉性。

二、提高劳动教育效果实效性的需要

习近平总书记在全国教育大会上指出:"要在学生中弘扬劳动精神,教育引导学生崇尚劳动、尊重劳动,懂得劳动最光荣、劳动最崇高、劳动最伟大、劳动最美丽的道理,长大后能够辛勤劳动、诚实劳动、创造性劳动。"新时代的高校劳动教育要坚持问题导向,通过方法创新,让大学生在劳动教育中感受到实践的力量与温度、奋斗的收获与成长、劳动的价值与魅力,准确把握育人导向,提升育人效果,实现育人功能。

(一)通过方法创新增强劳动教育的吸引力与感染力

以往的劳动教育以理论上的灌输为主,方式也主要是传统的课堂、教材、PPT等,缺乏吸引力和说服力,学生会感到枯燥无味,更无法切身感受,并形成价值观念的共识。因此,针对当代大学生的特点,推进劳动教育方法创新尤为必要。比如,通过开设特色活动课程,可以将劳动与兴趣结合,提升大学生的积极性;通过专业实践课程,可以将知识运用到实践中,提升技能水平;通过日常性劳务,可以让大学生感受生活的深度与广度等。特别是"90后""00后"是在网络信息时代,伴随着时代进步和国家富强成长起来的,对劳动的认知和体验相对较少,与上一代、上两代有很大差异,"不珍惜劳动成果、不想劳动、不会劳动"的现象突出。他们大多没有受过生活艰辛的磨砺,缺乏吃苦耐劳精神的锻炼,在辛勤劳动方面急需补课。所以劳动教育应该结合时事热点、前沿科学技术,以感人的事例、先进的技术、丰富的手段,切实提升劳动育人的吸引力和感染力。

(二)通过方法创新提升大学生的获得感与参与度

新时代的大学生是在经济社会快速发展、国家日益繁荣富强的过程中成长起来的,特别是"00后"日益成为大学校园里的主力,他们没有经历或目睹过父母的生产生活劳动过程,由于家庭条件的改善或父母的宠爱,在家庭中大多数只做一些基本的家务,很少有机会直接参与到实际社会劳动中。而高校中的劳动课程普遍是以教育主体(教育者)的说教为主,教育客体(大学生)被动地接受一些基本概念和内容,教育手段方法以及环节设置长期不变,教学场景基本在教室,远远滞后于科学技术和教育事业的发展、大学生思想认知的变化。这就导致无论是在学校还是在家庭中,劳动教育都存在缺位的情况,大学生对劳动的重要性缺乏直观的认识和深切的感悟,更无法体会到劳动带来的快乐与成长,无法感受到劳动给人的踏实与满足,无法在劳动的过程中去体验人生、探索未来、思考世界。为了让大学生在劳动教育中更直观地感受劳动的温度和力量，更直接地面对劳动中应处理的与他人的关系，更真切地体会在每一个劳动环节和过程中的成长，更有效地将所学的知识应用到劳动实践中，感受劳动的伟大与光荣，就必须坚持主导性和主体性相统一的方法，坚持大学生劳动教育主体地位，激发大学生个体活力和创造力，参与到劳动的实际环节中，通过暑期"三下乡"让青年走进城乡基层、走入劳动群众中，通过社会实践让青年在田间地头、工厂车间里感受一饭一粥、半丝半缕的来之不易，通过志愿公益活动体会作为社会成员的劳动责任，通过创新创业活动体验创造性劳动带来的无限可能，提升大学生在劳动中的获得感与参与度。

（三）通过方法创新实现教育资源的有效整合与利用

坚持德智体美劳五育并举、协同铸魂育人，发挥劳动教育的基础地位和独特作用，必须坚持"以劳树德，以劳增智，以劳强体，以劳育美"，统筹联动校内课堂、校内课外活动、校外活动、网络课堂"四个课堂"，促进劳动教育与思想政治教育、文化知识教育、创新创业教育等的深度融合，构建以高校为主，家庭、社会、政府协作的"四位一体"育人体系，最大范围调动教育资源，保障劳动教育的推进。一方面要充分发挥学生的主人翁作用，当前大学生在校园内除了日常寝室内务、少量勤工助学和志愿服务活动，参与生产生活劳动的机会并不多，校园内还有很多的生产生活活动可以向学生开放；另一方面还可以进一步发挥家庭、政府、社区、企业的协同作用，家庭可以在假期将更多的生活劳动分配给大学生，政府、社会、企业可以为学生提供更多的实习岗位，高校作为教育主体，应主动整合其周围的劳动教育资源。而实现教育资源的有效整合与利用，必须通过方法创新，系统制定劳动教育规划和制度，合理设计劳动教育课程，将"四个课堂"的教育资源有效利用起来，加强和政府、社会、家庭的联系合作，以实践育人、文化育人领域的合作为基础，推进劳动教育中的校地合作、校企合作。

三、促进劳动教育途径多样性的需要

通过方法创新,满足劳动教育途径多样性的需要。具体体现为,满足实现课堂内教育与课堂外教育相结合、实现线上教育与线下教育相结合、实现生活劳动教育、生产劳动教育和服务性劳动教育相结合的需要。

(一)实现课堂内教育与课堂外教育相结合的需要

高校劳动教育课堂内的教育是基础和起点,课堂内教育的效果还需要到课堂外检验,更需要课堂外教育的辅助和支撑。通过方法创新,将劳动教育纳入学校人才培养体系,将劳动教育课纳入高校课程体系整体规划,一体化设计教学方案、教学内容、课程标准、教学保障、教学评价,实现课堂内教育与课堂外教育的有机结合。一方面,在课程设置上要以课堂外的实践为镜像,系统科学设置劳动教育课程和教学内容,既要有涉及劳动发展史、劳动哲学、劳动价值观、劳动法律法规的劳动理论基础课程,也要有关于劳动技能、劳动方法、劳动组织、劳动保障的实践应用课程。在教学内容中,要融入与劳动教育相关的时政热点、前沿科技、行业法律法规等内容,实现理论与实践的结合;另一方面,在课堂外,要充分发挥素质拓展、寒暑假社会实践、志愿服务、校园文化活动、顶岗实习等多方面的劳动育人作用,将课堂内的理论知识与课堂外的实践感悟相结合,提升劳动育人的实效性。

(二)实现线上教育与线下教育相结合的需要

互联网时代线上教育已经成为一种重要且有效的教育方式,特别是随着移动终端设备和软件的普及,线上教育变得"触手可及""随时可用",在2020年的新冠肺炎疫情中,线上教育时空上的自由性、互动的便捷性充分展现。劳动教育作为一种覆盖面广、互动需求强、内容丰富的教育类型,需要在不同的场景、环节中反复学习操作,涉及大学生学习生活的方方面面,而课堂上有限的时间和空间难以充分展现。通过方法创新,大学生可以通过互联网、"慕课"、新媒体平台更广泛地学习劳动知识,通过VR、人工智能可以隔

空体验不同的劳动场景和过程,通过视频软件平台可以将自己的劳动过程、心得分享到线上,形成原创教育资源,激发劳动热情。网红李子柒的线上视频不仅展现中国的传统文化,也让更多的大学生在镜头中学会了很多生活中的劳动技能,新冠肺炎疫情中众多青年医生、护士、志愿者的抗疫行动让大学生感受到了身先士卒、舍我其谁的劳动精神,"大国重器""大国工匠"系列视频让大学生领略到了劳动中的工匠精神、劳模风采。

(三)实现生活劳动教育、生产劳动教育和服务性劳动教育相结合的需要

传统的劳动教育方式所能展现的特别是能让学生切身参与感受的劳动教育内容比较少,各种劳动类型的结合也还远远不够。高校由于在空间和时间上将大学生集中在一起,通过创新劳动教育方法,可以将三种类型的劳动教育有机融入大学的学习生活中。可以通过寝室整理、校园环境维护等开展日常生活劳动教育;可以通过社会实践、专业见习、创新创业等开展生产劳动教育;可以通过志愿服务、校园文化活动等开展服务性劳动教育,将大学学习生活的各个环节系统地纳入劳动教育内容,合理地设定课程体系和学分认定标准,让三类劳动有机衔接融合。

四、实现劳动教育的目标改造性的需要

新时代高校劳动教育方法创新的目的之一是实现劳动教育的目标改造,既是为了提升大学生对劳动的理性认识,强化大学生劳动的实践体验,同时,也是为了在劳动中促进大学生的身心健康。

(一)提升大学生对劳动理性认知的需要

习近平总书记指出:"青年的价值取向决定了未来整个社会的价值取向,而青年又处在价值观形成和确立的时期,抓好这一时期的价值观养成十分重要。"大学生对劳动的认知很多还停留在感官层面、感性层面,只是通过简单的目睹、接触、经历形成的认知,缺乏形成正确劳动价值观的实践机会。

对于劳动为什么是人和人类社会存在的现实基础、为什么是人的本质活动、人的本质力量如何在劳动中得到确认和发展，都还缺乏理性的认知，尤其是容易单纯地从个体本位思想的角度，要求社会来满足其个人需要，未能充分考虑自己对社会应尽的劳动义务。劳动教育的首要目标就是引导大学生树立正确的劳动价值观，通过方法创新，让大学生更全面、更真切地了解世界、体验世界，引导学生热爱、尊重劳动和劳动人民，深刻认识劳动之于社会发展和人的全面发展的重要意义，把劳动作为在新时代人生价值实现的尺度，而不仅仅是谋生的技能手段。比如，互联网、人工智能、虚拟场景等最新的教育技术手段让大学生在不同历史阶段、不同劳动场景和不同劳动过程实现"穿越"，感受平时没有体验过的劳动经历，从劳动中学会与人协作，学会克服困难，学会热爱生活，从而在大学的学习生活中，在今后的职业规划、工作实践、价值取向中做出正确的选择。

（二）强化大学生劳动实践体验的需要

劳动是联系知识与实践的纽带，是人与外界沟通联系的桥梁。不管是体力劳动还是脑力劳动，都是把个体融入世界、融入社会、创造价值的过程，在这个过程中，大学生不仅在实践中检验了在课堂中所学的知识，还可以在劳动实践中将感性认知升华为理性认知，可以从更广的维度、更深的层次理解劳动的价值。当前的劳动教育实践体验是主要的短板，由于受师资、实践场地、经费等因素的限制，大学生劳动实践体验机会有限，在家庭、学校的呵护下，有些大学生丢失了基本的生产、生活甚至生存技能，对所学知识很难有深刻的领悟，更无法创造性地分析问题、解决问题。通过创新劳动教育方法，让大学生多维度、多场景、多环节、零距离体验劳动，感受收获自己劳动成果的喜悦，尝试创造性劳动带来的充实感、幸福感。劳动教育方法创新，不能仅仅局限于传统的"种植养殖"等基础劳动和简单的"洗衣做饭"等日常劳作，迎接现代化和面向未来的劳动教育，同样需要将视野拓展至科技创新的领域，将大学生置身于人类文明发展的"前沿阵地"，这样才能让大学生感受到创新型劳动的无限魅力，才能让大学生感受到劳动之美、劳动之快乐、劳动之伟大。

(三)在劳动中促进大学生的身心健康的需要

很多人认为学习是大学生的天职，却忽略了劳动也是大学生健康成长不可或缺的养分，是锤炼品格、砥砺青春的"磨刀石"。习近平总书记反复强调，"每个人的美好梦想，只有通过诚实劳动才能实现；发展中的各种难题，只有通过诚实劳动才能破解；生命里的一切辉煌，只有通过诚实劳动才能铸就"。推进劳动教育方法创新，可以在劳动中锤炼大学生的劳动精神、劳动品质、劳动情怀，在劳动教育中感受关心和关怀。比如，通过设置勤工助学、助管、助研的岗位，学习弘扬工匠精神、劳模精神的先锋模范故事，开展集体性、协作性、公益性活动。在这些劳动教育方法的创新中，要着重将培养青年在劳动中顽强拼搏的奋斗精神、坚毅刚强的品格意志、勇于担当的品格风格、敢于创新的探索精神为靶向目标，培育身心健康的劳动者，为将来的劳动实践打下坚实基础。

五、促进学生德智体美劳全面发展的内在需要

劳动教育是全面发展教育的重要组成部分。苏霍姆林斯基指出，一个人只有劳动素养达到较高境界时才能真正实现全面发展。《关于全面加强新时代大中小学劳动教育的意见》也明确指出，劳动教育具有树德、增智、强体、育美的综合育人价值。可见，劳动教育不容忽视。劳动教育与德育相结合有利于帮助学生树立高尚的品德。德育教育原则是道德认知与道德实践并重，讲究理论知识和实践锻炼相结合，注重知行合一。劳动教育具有载体价值。在德育中融入劳动教育，可改变以往灌输、讲授式的教育方式，激发学生的积极性、主动性，进而提高德育的实效性，更高效地培养学生的世界观、人生观和价值观，有效解决德育虚化的问题。

劳动教育与智育相结合有利于培养学生的创造能力。劳动教育作为重

要的教育活动,极大地丰富了智育的实施途径和方式。苏霍姆林斯基指出,"儿童的智慧出自他的手指头上",学生劳动越多,感悟越深刻,就能内化为智慧、经验。通过劳动教育,学生不仅能学习到理论知识,还能通过劳动教育实践引发对劳动教育的理论思考,为学生的智力开发提供更大的可能性,激发学生对知识创造的热情,培养有独立思想、有高超技能、良好劳动素养的时代新人。

劳动教育与体育相结合有利于锤炼学生坚强意志。体育的主要目标是加强学生身心健康,树立运动意识,提高竞争意识,培养合作精神,多数以竞技类的活动项目呈现。劳动教育实践融入体育中,可以丰富学生体育活动形式,为学生提供更多体育课程选择,既能激发学生的激情,让学生以更愉快的心情完成体育锻炼,又能磨炼其意志。

劳动教育与美育相结合有利于培养学生欣赏美、创造美的能力。席勒在《美育书简》中指出:"美育的目的是通过教育提升对美的鉴赏力,让感性和精神力量尽可能地达到和谐。"美育是提高学生对美的鉴赏能力。劳动是一种实践创造。对美的表达,需要以劳动为载体,而劳动成果就是对美的展示。劳动教育促进学生树立良好劳动审美观,在劳动创造中形成发掘美、体味美、鉴赏美、创造美的能力。

六、实现中华民族伟大复兴中国梦的客观要求

中华民族实现伟大复兴中国梦需要高知识、高技术、创新型的劳动者大军。因此,加强劳动教育方式创新,对实现伟大复兴中国梦具有不可或缺的重要作用。

劳动教育方式创新助力中国高质量发展。当前,我国正处于高质量发展阶段,正面临从制造大国向创造大国的转变的难关,肩负着艰巨的改革创新发展重要任务,需要大力提倡"工匠精神""劳模精神"。因此,加强劳动教育方式创新,培育具有丰富劳动知识、创新型劳动技能的劳动大军,才能夯实人才基石,发挥人才对于社会发展和建设现代化强国的重要作用。

劳动教育方式创新助力中国创新发展。建设社会主义现代化强国需要有坚定的理想信念,而淬炼政治品格,投身伟大斗争又离不开创新驱动、创新引领和创新发展。创新给予了建设社会主义现代化强国源源不绝的动力。加强劳动教育方式创新有利于培养青年群体构建创新思维,引领青年学子在伟大斗争中创新教育理念、开拓创新视野、探索创新方法。增强求知意识、竞争意识、服务意识,进而培育出"不负明天的伟大梦想",有骨气、有担当、有作为的社会主义接班人。

国家复兴、人民幸福,需要年轻的一代贡献力量。创新型劳动者大军为我国实现转变经济增长方式、做强实体经济、建设技术型创新型国家提供重要支撑。高校劳动教育方式创新,是达成劳动教育效果最大化的必由之路,既能提高学生对劳动教育的价值认同,又能引导大学生坚定理想信念、培养劳动情怀。让学生自觉地把个人梦想和国家梦想结合在一起,为中国特色社会主义事业的伟大梦想而不懈努力奋斗。

第二节 高校劳动教育方法创新的基本原则

前面分析了新时代高校劳动教育方法创新在四个方面表现出来的必要性。事实上,我们不仅要注意为何在新时代高校劳动教育中需要注重方法创新,而且要明晰在新时代高校劳动教育方法创新中需要遵循的几个基本原则,即创新性原则、整体性原则、时代性原则和主体性原则。

一、创新性原则

随着经济社会的发展,人类文明的进步,特别是第四次科技革命和产业革命的叠次推进,人类的劳动方式、劳动形态、劳动对象、劳动工具都发生了深刻变化,劳动者自身的劳动知识、劳动能力、劳动观念跨越式提升,劳动教育也随着劳动实践的发展而不断发展。新时代最显著的特征就是创新性,首要的发展理念就是创新理念,劳动教育方法创新的第一原则也是创新性原则。所谓创新性原则,就是劳动教育方法创新要运用人类文明发展的最新成果、使用劳动实践的最新工具、掌握劳动创造的最新知识、适应劳动变革的最新形势、培养劳动认知的最新观念。习近平总书记指出:"抓创新就是抓发展,谋创新就是谋未来。"劳动教育方法创新不是给"旧方法"取上"新名字",不是形式上的"换汤不换药",而是要创造、采用适应科技发展、时代进步、教育现代化的方式方法。当前,第四次科技革命和产业革命正如火如荼地展开,人类认识和改造世界的劳动能力达到了新的高度,劳动与科技、知识的结合越发紧密,劳动生产率大幅提高,劳动分工越发细化,出现了以人工智能、生命科学、量子技术、工业互联等为代表的新技术、新产业、新业态、新模式,社会化大生产正在转型升级,人类劳动的内涵和外延更加复杂。劳动教育创新性要求敢于直面社会现实,敢于做到"人无我有、人有我优"、不断改革创新。《关于全面加强新时代大中小学劳动教育的意见》从"创造性劳动""创造性劳动能力""创造性解决问题"三个方面赋予了劳动教育"创造性"丰富的内容和内涵。"创造性劳动"是从劳动的性质和形态来说,表现为劳动中具有勇于创新、敢于创新的精神,在劳动过程中发现并运用智慧创造性地解决问题,产生创新性的劳动成果。"创造性劳动能力"不仅是劳动教育适应新时代、满足国家发展的体现,更是对社会主义建设者和接班人必备能力的描述。人类的活动包括认识活动和解决问题活动。强调"创造性地解决实际问题",从劳动教育的内容和实施角度体现了劳动教育不是系统地学习文化知识,而是运用各学科知识来解决问题,在科学探究、创新设计的过程中,在动手实践、出力流汗的过程中,体认劳动价值,体认劳动的崇高与伟大,形成正确的劳动价值观。面对这些劳动的新变化,高校作为立德树人的"主阵地"、人才培养的"摇篮",劳动教育的方式方法必须不断创新。具体来说,主要有以下几个方面。

（一）要优化课程设置

当前人类社会由简单劳动向复杂劳动不断演化，脑力劳动和富含高技术含量的体力劳动深度结合，生产中机械化、智能化、信息化的水平越来越高，劳动对象的范围不断扩展，甚至拓展到了外太空，那么在课程、教材、教学内容中都要进行相应的改革创新，要与时俱进。要教育大学生认识、掌握前沿科技、知识和最先进的劳动工具、劳动技能，结合时事前沿，分析世界以及科技发展趋势。

（二）要丰富劳动教育实践教学的内容

以往的劳动教育大多只是简单地打扫卫生、站岗执勤、整理办公室，但如今社会的生产生活方式发生了巨大的变化，实践教学的场景应用也要发生相应的改变创新。在生产性劳动中，高校应加强与高科技产业园区、创新企业的合作，让大学生切身接触、体验到新科技、新产业、新业态、新模式，从而培养与之相适应的劳动素质。在生活性劳动中，大学生不仅可以负责自身在校园的寝室内务，也可以在假期分担家庭的劳务工作，现在的大学生有些连"洗衣做饭"等基本的生存技能都不会，独立的生存能力和团队的协作能力更有待提高。在服务性劳动中也要不断创新，如志愿服务中可以增加"云陪伴""云辅导"，鼓励大学生通过网络视频等方式为空巢老人提供关心陪伴，为留守儿童提供学习指导。

（三）要灵活运用大数据、虚拟仿真、新媒体等助力劳动教育方式方法创新

我们常讲，教育者要知道学生在哪里、在干什么、在想什么。在互联网、新媒体、大数据时代，当前的大学生是网络的原住民，能熟练地使用互联网以及各类新媒体平台，我们传统的板书不仅效率低、不环保，还缺乏互动、实景体验的功能，出现了一些学生假装听或低头玩手机的尴尬情况。高校劳动教育通过运用虚拟仿真、新媒体等教育教学手段，不但可以实现资源的共享，而且能够在轻松愉快的学习中有效提升劳动教育的实效性。比如，基于

大数据的课堂学生面部表情分析,可以时时了解学生的学习状态、效率,分析改进教案和教学方式方法。运用虚拟仿真可以强化劳动教育的体验性,让大学生感受各类不同的劳动场景和劳动方式,开阔视野。运用新媒体技术可以加强与大学生的互动交流,拉近距离,提高教学和学习效率。

二、整体性原则

新时代劳动教育建立科学有效的人才培养体系离不开劳动教育与德育、智育、体育和美育之间的深度融合,也离不开家庭、学校、社会劳动教育力量的整合。高校劳动教育是高校教育体系的重要组成部分,不能独立于整个体系之外而存在,其发展需要其他部分的协作和支持。从马克思主义的劳动观来看,人的各项身体机能,包括人的思维能力、实践能力、审美能力等都是在劳动中不断发展起来的。同时劳动是人类社会最基本的实践活动,劳动教育的起点不在学校而在社会,教育的效果要到课堂之外去检验,教育是为国家、社会培养人才,教育培养的人才要回归到企业、家庭、社会中去,因此,劳动教育必须整合校内校外的各方力量资源,统筹谋划,协作推进,只有这样才能真正发挥劳动育人的作用,才能真正落实立德树人的根本任务。以整体性原则推进劳动教育方法的创新,具体体现为以下三个方面。

(一)坚持"五育并举"的教育原则

劳动教育目标的整体性与结构性,指的是劳动教育目标具有与其他"四育"既关联又独立的结构形态,构成我国教育完整的育人目标,其本身具有特定的结构形态。劳动教育具有独有的育人功能,又具有劳动树德、增智、强体与育美的功能。劳动教育是德智体美劳全面培养的教育体系的重要组成部分,劳动教育与其他"四育"相互依存、相互促进。因此,我们倡导五育融合的理念,形成教育合力,站在落实立德树人根本任务的高度,实现"五育"并举,协同育人,要从师资配置、教材选择、专业设定、课程设置、资金政策支持、职称评定机制、就业等各方面统筹谋划,要将劳动教育纳入整个高等教育人才培养体系中,纳入学生日常生活、学习、社会实践各个环节,纳入人才培养的全过程。

(二)坚持"四位一体"的整体协作

多年来我们一直在强调德智体美劳全面发展,但是显而易见的是,与德智体美比起来,劳动的地位一直显得没有那么重要,似乎经常处于只是喊一喊口号的阶段,这种场面十分尴尬,以致在学校中被弱化,在家庭中被软化,在社会中被淡化。现实中,很多家长只注重孩子的学习成绩,不让孩子做家务,怕孩子做不好,怕累到孩子,怕耽误孩子的学习。一些学校的劳动与技术课程成了"摆设",经常被占用,还有很多老师把劳动当成对学生惩罚的一种手段,适得其反。一些青少年学生中就出现了不劳动的懒惰情况。因此,做好劳动教育必修课,需要学校、社会、家庭、政府共同参与,以高校教育为主导,充分发挥家庭教育、社会教育的作用,发挥政府的协调引导作用,加强四者在整体推进劳动教育中的分工协作,加强校地联动、家校合作、校企合作,实现资源力量的有效整合。

(三)坚持"上下贯通"的有效衔接

高校劳动教育向下是对接中小学劳动教育,向上是对接国家社会对劳动力的需求,高校要根据自身高素质劳动力培养的定位,结合中小学劳动教育的实际情况和国家社会对劳动力的实际需求,坚持大中小劳动教育一体化原则,科学系统地设计劳动教育目标,实现劳动教育的循序渐进、螺旋式上升,统筹贯通,协同推进。

三、时代性原则

《关于全面加强新时代大中小学劳动教育的意见》明确指出:"适应科技发展和产业变革,针对劳动新形态,注重新兴技术支撑和社会服务新变化。深化产教融合,改进劳动教育方式。强化诚实合法劳动意识,培养科学精神,提高创造性劳动能力。"高校劳动教育创新的时代性,体现在教育的所有活动都是在社会这个大背景中展开,这必然会带上深刻的时代烙印。比如,科学技术的发展是国家繁荣进步的重要体现,民主政治的发展也是国家繁荣进步的体现,二者都是时代发展的必然要求,而不仅仅是解决社会基本矛盾的手段。时代发展对教育也提出了更高的要求,教育作为科学技术发展与民主政治发展的重要工具,满足了时代发展的诉求。在新时代,我们处在新阶段,面临着新挑战、新机遇,世界百年未有之大变局加速演变,新一轮科技革命和产业变革深入发展,国际力量对比深刻调整,我们正朝着实现"第二个一百年目标"奋力迈进,教育系统的主要任务是构建高质量发展教育体系,目标是建成教育强国、实现教育现代化。

在此背景下,高校劳动教育方法创新要围绕时代性而展开。具体来说,主要有以下几个方面:一是要服务于劳动教育的时代使命。在全面建设中国特色社会主义现代化国家的新征程上,劳动教育承担着培养中国特色社会主义合格建设者和可靠接班人的历史使命,要为国家社会输送一批又一批的高素质劳动者,主动服从、服务于以国内大循环为主体、国内国际双循环相互促进的新格局,自觉成为新发展格局中的内生变量。高校劳动教育方法创新只有紧紧瞄准这一使命目标,才能真正推进劳动教育的科学可持续发展。二是要全面体现劳动教育的时代特征。马克思主义教育观要求教育要与时代发展相结合,要与社会生产劳动相结合。新时代是高质量发展的时代、是人民"获得感"更多的时代、是"共商共建共享"的时代、是中国踏入世界舞台中央的时代,高校劳动教育方法创新要全面体现这些时代特征。三是要牢牢把握新时代的机遇与挑战。新时代的新形势、新阶段、新要求也为高校劳动教育方法创新提供了新的机遇与挑战,全国教育大会要求加快推进教育现代化、建设教育强国、办好人民满意的教育,社会生产力和劳动效率快速提升,劳动形态快速变化,以前没有的新技术、新产业、新业态、新模式不断涌现,这就要求劳动教育也要根据形势变化"因事而化、因时而进、因势而新",与时俱进、敢于创新,这样才能增强劳动教育的吸引力和感染力。

四、主体性原则

主体性原则是劳动教育方法创新的又一重要原则。马克思主义实践观要求我们承认、重视并坚持主体在实践和认识活动中的地位和作用。大学生是高校劳动教育的主要对象,在劳动教育方法创新中要充分了解大学生的主体性特征,尊重大学生的主体性地位,把握大学生的主体性需求。新时代的大学生具备自身的时代特征:一是独立性,随着生活水平的提高,当代大学生的学习、生活、成长环境与以往大不相同,在少生优生的政策引导下,兄弟姐妹很少,独立自主的观念比较强,在没有了基本的生活之忧后,更加追求人身的自由和思想的解放,具有更强的竞争意识。二是多元性,当代大学生是在改革开放和互联网大潮的环境下成长起来的,接受了多元价值观的影响和冲击,特别是经济快速发展、社会环境快速变化,其本身存在思想和价值的多变性。三是创新性,在科技的快速发展和创新发展理念的影响下,当代大学生对新科技、新产品的敏感度、接受度比其他群体要高,自身的创新意识和创新思维比较强。当然,这些特征也会带来一些负面的作用,如奉献意识、服务意识相对较弱,理想信念不够坚定,易受外在环境影响,传统文化基础比较弱等。劳动教育方法创新坚持主体性原则,准确把握这些特征,以达到"对症下药"的效用。

(一)切实把握大学生的实际需求

当代大学生的需求已经不只是简单的"吃穿住行"的需求,更多的是学业的压力、情感的困惑、职业发展的期望等多方面的需求,很多情况下学校对学生的学习、生活、心理状况"不了解""不理解",造成了学校与学生之间的"鸿沟"、老师与学生之间的"代沟",劳动教育方法创新就是要在充分把握当代大学生特点的基础上,精准施教,针对不同年级、不同群体、不同问题制定差异化的教学方案,坚持关注大学生多种需要与有效引导和满足其需要相结合。当代大学生具有时代和年龄赋予他们的共性,要积极探讨当今时代背景下大学生思想政治素质形成和发展的规律,为高校劳动教育顺利开展提供条件。还要尊重每位学生的独特个性,加强对特殊学生群体的关爱,根据学生的特征和需求提供多样性的劳动方式的选择,将学生需求与解决实际问题结合起来,真正做到个性化服务,做到因材施教。

(二)积极发挥大学生的主观能动性

劳动教育方法创新一个重要目标就是要培养大学生对劳动和劳动人民的情感,通过方法创新,运用一些互动性的环节、体验式的场景、自主设计策划的活动,增加大学生在劳动教育中的参与度,提升大学生自我管理、自我教育的观念,增加责任感和集体意识。特别是要根据大学生的职业发展规划设计有针对性的劳动实践环节,建立劳动奖励激励机制,营造劳动光荣的环境氛围,让大学生在劳动中获得"成就感""满足感""幸福感",激发劳动积极性,增强主观能动性。

第三节 高校劳动教育方法创新的可行路径

新时代高校劳动教育方法创新有其迫切的必要性,我们需要在明晰基本原则的基础上,探求其可行性路径。具体来说,可以明确为三个层面:一是在推进思政课课堂教学中实现劳动教育的方法创新;二是在推进思政课实践教学中实现劳动教育的方法创新;三是在落实"三全育人"中实现劳动教育的方法创新。

一、在推进思政课课堂教学中实现劳动教育的方法创新

在推进思政课课堂教学中实现劳动教育的方法创新,需要强化顶层设计,建立一体化的课程体系,丰富教学形式,打造高水平劳动教育教师队伍,促进思政教育与劳动教育同频共振,同向同行。

（一）强化顶层设计，建立一体化课程体系

劳动教育与思政教育在教育的价值目标和教学内容上是相通的，所以高校要将劳动教育与思政教育深度融合，建立一体化的课程体系，引导大学生树立和践行社会主义核心价值观，合力回答"培养什么人、怎样培养人、为谁培养人"这一根本问题。思政课程与劳动教育课程应该梯次配置、有效衔接、互为辅助，在课程的教学目标、教材选配、教案编写、师资配置、考核评价等方面都应一体化设计。为此，要通过优化课程体系，抓住"关键课程"，将劳动教育全方位融入思想政治理论课，在推进思政课改革创新中推动劳动教育落地落实，实现劳动教育方法的创新，教授学生劳动知识、劳动技能，增强劳动意识，树立正确劳动价值观，达到课程育人的目的。

（二）丰富教学形式，促进思政教育与劳动教育同频共振

高校思政课与劳动教育课在教学方式方法上具有很多的共通点，两者应相互借鉴对方的教学方式，特别是思政教育在高校教育体系中已经形成了较为独立的系统。在新时代推进高校劳动教育方法创新，可以借鉴思政教育的教学形式和方法，如课堂讲授法、专题讲座法、主题团队训练法、情景体验法、榜样激励法等，还有"思政课程"与"课程思政"相结合，劳动教育也可以推进"劳育课程"与"课程劳育"相结合，在其他的课程体系中融入劳动教育的内容。坚持把显性的教学方式与隐性的教学方式相结合，在传播基本劳动理论知识的同时，结合生产生活中的实践进行分析举例，让学生融会贯通。坚持线上教学与线下教学相结合的方式，可以把一些有意思、有意义、有深度、有温度的文献材料或影视资料让大学生在线上学习，并开展讨论交流。

二、在推进思政课实践教学中实现劳动教育的方法创新

在推进思政课实践教学中实现劳动教育的方法创新，需要加强思想渗透，树立劳动实践观念，丰富劳动实践途径，拓展实践场所与完善实践教学管理运行机制与保障机制。

(一)加强思想渗透,树立劳动实践观念

劳动教育如果是枯燥说教、生搬硬套,劳动教育的实效性会大打折扣,这是需要规避的一种现象。此外,学生懒于思考、模仿重复也是需要规避的另一种现象。而解决以上问题或者规避以上现象的创新方法在于积极运用分组合作、启发提问、直观演示等多种教学手段,优化教学方法,引发学生好奇心、激发学生兴趣,引起情感共鸣。将知识传授与品质培养相结合,将课堂讲解与课外实践相结合,抓住劳动过程中的适当时机,将丰富的劳动品质教育蕴含于劳动实践中,让学生认同劳动、理解劳动、尊重劳动。

(二)完善实践教学管理运行机制与保障机制

当前要提升高校思政课实践教学水平,就必须强化实践育人理念,完善实践教学管理运行机制、保障机制,创新实践育人方法途径,打造实践育人整体合力,以切实增强思政课实践教学的有效性,提高我国高校思政课的教学质量。比如,在实践教学中,重视对博物馆、爱国主义基地等教育资源的利用,并能够形成一种制度化的实践育人方式。再如,在实践教学中,建立起校内的实习实训基地,拓展对实践教学的外延认识,做好专业实践教学与思政课实践教学的有机衔接。

三、在落实"三全育人"中实现劳动教育的方法创新

教育部2018年5月出台了《"三全育人"综合改革试点工作建设要求和管理办法(试行)》,提出了全员育人、全程育人、全方位育人的"三全育人"理念。落实"三全育人",高校要把立德树人作为根本任务,融入思想道德教育、文化知识教育、社会实践教育各环节,把思想政治工作贯穿于教育教学全过程,把思想价值引领贯穿于教育教学全过程和各环节,形成教书育人、科研育人、实践育人、管理育人、服务育人、文化育人、组织育人的长效机制。落实"三全育人",关键在于整合协同学校各项教育工作、各项育人元素,发掘一切校内外资源,打造全方位、立体式的育人时空,形成素质修炼的"大熔炉"。

实现全员育人。高校劳动教育涵盖了课堂教学和综合实践的内容,强化劳动教育实现全员育人,需要整合家庭、学校、社会各方面力量,拓展劳动教育资源,努力形成协同育人格局。家庭是劳动教育的基础课堂,在日常家庭学习生活中积极培养学生的劳动习惯,引导鼓励学生养成认真自律、自控、自强的良好品质。学校是劳动教育的必修课堂,充分发挥学校主导作用,构建科学的劳动教育体系和优质的劳动教育师资队伍。高校应大力提升劳动教育专任教师、实训导师、辅导员等师资队伍的专业素养,激发其深入开展劳动教育的积极性、主动性、创造性。同时,有组织、有计划、有针对性地组织学生开展公益性、实践性、服务性劳动,让学生动手实践、接受锻炼、磨炼意志。在全员育人上,当前尤其要充分发挥专业课教师主体作用,挖掘课程育人、科研育人、实践育人等维度的劳动教育资源。社会是劳动教育的高阶课堂,推动社会各界资源支持和参与,建立健全劳动教育资源开放共享机制,政府、企业、社会团体等组织深挖劳动育人元素,搭建劳动育人平台,提供高质、高效、高能的劳动实践服务,共同担负学生成长成才的责任。

实现全程育人。2018年5月,习近平总书记在北师大座谈会上的重要讲话指出:"人才培养一定是育人和育才相统一的过程,而育人是本。"高校劳动教育具有长期性、日常性、复杂性的特点,应与深化高等教育体制改革、"双一流"建设等结合起来统一部署、统一推进,增强高校劳动教育全程育人的合力。要遵循学生成长规律,针对不同年级的学生"因材施教",采取与之相适应的劳动教育方式。低年级是学生人生观、世界观、价值观形成的关键阶段,要注重引导学生参与劳动实践,树立正确的劳动价值观和培养良好的劳动习惯。高年级是学生职业观、人生发展定位塑造的关键阶段,注重引导学生开展体验式志愿服务、职业体验,强化社会责任与使命担当,把个人理想与国家发展、民族复兴统一起来,大力提升劳动能力、职业素养。高校通过把劳动教育纳入人才培养的全过程,切实提高了劳动教育全程育人的工作实效。

实现全方位育人。课堂是学生获取专业知识和技能,形成正确的情感、态度和价值观的主要途径。广义的课堂包括"第一课堂""第二课堂"和"网络课堂"。高校劳动教育必须进行科学顶层设计,严格设置劳动教育课程和劳动实践方案,实现课内课外资源整合、线上线下无缝对接、校内校外协同发力的全方位育人模式,破除高校劳动教育的"盲区"。首先,立足劳动教育第一课堂,解决"教什么、怎样教"等问题,推动劳动教育与专业课、思政课的有机结合,使劳动教育与各类课程同向同行,形成协同效应。其次,延伸劳动教育"第二课堂",营造良好的劳动教育氛围。切实将劳动教育融入校园文化活动之中,积极引导学生参与社会实践,培育职业素养和锻造劳动品格,培养担当民族复兴大任的时代新人。最后,开发劳动教育网络课堂,推动劳动教育与互联网的有机结合。牢牢抓住当代大学生"互联网原住民"的特点,努力把互联网转化为劳动教育的最大增量。要结合学生兴趣探索"互联网+"劳动教育模式,通过微博、微信、QQ、校园网等新媒体引导学生形成正确的劳动价值观,积极打造网络在线课程和特色选修课程,统筹协调线上线下劳动教育资源,满足学生的乐学、好学、善学的需求。高校要紧紧围绕立德树人根本任务,深化教育教学改革,构建全员全程全方位的"三全育人"大格局,全面提高人才培养质量。

四、牢记立德树人初心,强化劳动教育方法的意识创新

党的十八大以来,党中央高度重视创新发展,提出一系列关于劳动教育的新思想、新论断、新要求,为高校劳动教育方式创新指明了方向。近年来,高校发展也把创新摆在核心位置,深入挖掘利用资源优势,着力加强创新型高校建设,推动国家创新驱动发展实现新突破。高校必须牢记习近平总书记在高等教育创新发展方面的谆谆嘱托,深刻认识到劳动教育方式创新环境的变化,切实增强推进劳动教育方式创新的使命感和责任感,进一步优化劳动教育方式创新环境,增强劳动教育方式创新意识,加快创新型高校建设步伐。

(一)落实创新精神,增强高校创新理念

理念是行动的先导,创新实践都是由创新理念来引领的,创新理念是否强烈从根本上决定着创新成效乃至成败。高校推进人才发展体制和政策创新,应高扬劳动教育方式创新的旗帜,紧紧围绕"立德树人"这一中心环节,上下一体学习贯彻劳动教育方式创新精神,实现思想先行,让全体教师和学生深刻地体会到劳动教育方式创新的深层次含义,促进劳动教育方式创新内化为精神追求,外化为实际行动。

深入学习习近平总书记有关创新的重要论述。通过教师培训、主题报告会、主题班会的形式深入学习新时代劳动教育方式创新的精神实质和丰富内涵,将劳动教育方式创新深植入思想中,让教师懂得创新、有能力创新。强化学生的创新理念,在新生入学阶段可开展以劳动教育为主题的入学教育活动,向学生传达劳模精神,讲述劳模故事,可邀请本校优秀劳动代表到培训现场讲述劳模事迹,这样学生感觉更亲切,教育效果更明显。做好劳动教育方式创新理念倡导者,重视树立师生的劳动教育方式创新理念,保障劳动教育方式创新高效推进。

做好劳动教育方式创新的保障者。领导者作为高校劳动教育的主抓手,为保证劳动教育新理念的贯彻,应安排专业的劳动教育领导班子加强对劳动教育理念的正确引领。在劳动教育工作的开展中,对劳动教育方式创新工作做好系统设计、保证经费充足、完善考核体制机制。高校不仅要深入学习劳动教育理念,具体行动也要轰轰烈烈,做到方向明确、组织系统,并且有长期计划以及落实操作性。

(二)开展主题培训,深化教师创新理念

教师要转变对劳动教育方式创新的认知。思想是行为的先导,做到把理论内化于心才能实现外化于行,教师是劳动教育方式创新的践行者,对劳动教育方式创新的正确认识是重要前提。如果教师对劳动教育方式认识不够深刻,那么在劳动教育方式创新实践中定会操作变形。在此背景下要想实

现劳动教育方式创新,必须要转变教师对劳动教育方式创新的认知。高校要加强教师职业培训,提升教师对劳动教育方式创新的认知。比如,通过劳动教育理论学习、劳动教育主题报告会、主题班会等形式,深入学习领会新时代劳动教育方式创新的实质作用和内涵意义,让教师能够从自身做起,进行诚实劳动和创造性劳动,提高教师在劳动教育方式创新方面的积极性,主动为劳动教育方式的创新贡献自己的力量。

教师主动提高劳动教育方式创新的本领。马克思曾经指出:"教育者本人一定是受教育的。"教师要想实施教育必须先接受教育,故教师培训是至关重要的。一方面,对专业的劳动教育老师和劳动教育的兼职老师进行系统的培训,主要强调劳动教育方式创新的重要理念,在劳动教育方式创新上,要讲究劳动教育方式的科学性,只有充分认识育人导向才能保障劳动教育方式的效果。另一方面,教师需要自主扩充知识和提高技能,需要在思想上认识,在行动上学习,深入学习劳动教育方式创新的重要意义和相关经验。首先,可以通过劳动教育培训、劳动实践体会、劳动精神宣传等渠道,深入学习和领会劳动教育价值,扩充自己的理论知识。其次,教师可放眼于我国劳动教育的发展历程及其每个阶段发挥的重要作用,有效地整合、归纳,并结合新时代学生的特点,找出适当的劳动教育方式。最后,在劳动教育的课堂教学中,注重劳动知识的传授、劳动精神的宣传和劳动实践技能的教育,致力于使劳动教育知识、精神、技能内化于学生之心,外化于学生之行。

(三)宣传创新意识,坚定学生创新理念

新时代,我国正处于高质量发展阶段,国家实现创新型发展需要具有创新理念的人才。新时代大学生既要着眼于解决现有方法、方式不能解决的问题,时刻带着忧患意识和创新意识,又要着眼于解决和预防未来要面临的新问题、新挑战,把创新精神和求知态度结合起来,增强创新的信心、勇气和能力。

强化创新理念,扩充科学知识,促进知行合一。大学生的心智还不是很

成熟,在面对外界不良思潮侵扰时,运用科学理论加以辨别,以避免自身陷入终极化、世俗化的漩涡。不断优化学习的方式、方法,提高学习的自觉性,增强文化自信。坚持践行理论联系实际,积极学习掌握科学文化知识,用劳模事迹来激励自己,用榜样力量来鞭策自己,用优秀传统文化来熏陶自己,向先进者学习爱岗敬业争创一流的敬业精神,向革命先辈们学习艰苦奋斗、淡泊名利的奉献精神,用科学真理指导实践是大学生坚定马克思主义信仰、打牢立身之本、筑牢报国之基的根本保障。

增强学生对劳动教育方式创新的价值认同感。学生是劳动教育方式创新的主体,他们对劳动教育方式创新的正确认识是开展劳动教育方式创新的保障。学校可以把劳动教育运用到学生思想政治学习和日常生活的全过程。可参考郑州升达经贸管理学院的经验,在新生入学教育中,加入劳动教育的内容,为开展劳动教育做思想铺垫。让学生理解劳动教育的意义,增强学生对劳动教育价值的认同感。在劳动实践前,由辅导员做好宣传工作,召开劳动教育班会,鼓励学生参加劳动实践。在劳动实践活动中,安排由劳动小组长负责指挥和监督,进行实践考核,及时反馈学生劳动教育效果。在日常生活中,注重养成教育,良好的行为习惯让人受益终身。把劳动教育融入学生的日常学习和生活,让学生熟悉劳动教育,认可劳动教育,才能乐于配合劳动教育方式创新。

五、建立健全体制机制,激发劳动教育方法的活力创新

推进劳动教育方式创新,既要重视观念建设,也要重视制度建设。党政部门有责任建立劳动教育实施的制度保障体系,要让全社会真正认识劳动教育方式创新的重要意义需要有好的制度、机制设计。这也是治理现代化的基本要求,应该从以下几个方面加以考虑。

(一)形成保障机制,确保创新条件

高校劳动教育方式创新依赖创新思想的引领、科学合理的评价系统。同

时,也需要各方面条件的支撑和保障。组织上给予重视、合理的人员配备机制、经费投入到位、实践场所充足,各项条件协同为劳动教育方式创新保驾护航。

科学配备劳动教育组织实施工作机制。高校根据有关加强劳动教育的文件要求,认真落实文件精神,结合当地实际状况,将劳动教育方式创新列入劳动教育计划中去。高校领导要建立健全的劳动教育组织实施工作机制,明确层级主管人员,明晰各部门职责,保障劳动教育的有序开展。例如郑州升达经贸管理学院在劳动教育实施体系中就明确分管领导,设立劳动教育管理机构——劳动卫生科,还配有两名专职人员,督促监督劳动教育实施,做到层层落实,责任到人,有效改善劳动教育方式创新虚化的问题。

保障劳动教育师资队伍建设。劳动教育存在"有教育无劳动"或"有劳动无教育"的情况。导致劳动教育方式创新出现虚化、弱化的现象,有很大一部分原因是劳动教育师资队伍建设不完善。因此,高校应重视劳动教育师资队伍的建设。一方面,科学合理地配齐配足劳动教育师资。可设置劳动教育专职教师,保证劳动教育理论教学,也可聘请劳动教育双师型教师和兼职教师。高校学生劳动素养的提升不仅要强调劳动理论知识的学习,同时还要提升专业操作技能。双师型教师能兼顾教学和劳动实践,使学生对劳动知识理解更加直观和彻底。另外,学校也要联合社会资源建设一支兼职型师资队伍。比如,聘请各领域的优秀成功者、劳动模范代表、工匠艺人等进校园,成功人士和劳动模范通过分享鲜活的劳动事迹,激发学生的劳动激情。工匠艺人可向学生解读劳动的意义,展示精湛的技术,分享深厚的劳动情怀,渲染劳动氛围,拉近学生与劳动的距离。另一方面,高校应重视劳动教育教师职前和职后的专业培训。完善劳动教育教师职前教育、职后培训机制,让劳动教育方式创新观念成为教师素养的基本组成部分。只有这样,所有的教育参与者、执行者才能主动地、创造性地完成劳动教育方式创新工作,才能有效地解决劳动教育方式创新弱化、简单化的现象。学校也应成立劳动教育项目研究组,专门研究劳动教育教学内容、载体开发、方式创新等问题,为更好开展劳动教育方式创新工作提供动力。

社会积极提供劳动教育基础保障是劳动教育方式创新的关键因素。目前,劳动教育发展的目标是劳动教育实现综合化、应用化。各级政府应在推动全社会服务劳动教育开展上发挥主导作用,应该加强统筹协调,制定制度法规。为学校社会合作提供宽松的政策支持和引导,社会为劳动教育实践提供基本条件,包括场地、工具、讲解等。让劳动教育方式创新的平台延伸到田间地头、车间厂房、博物馆、社区、城镇和乡村。

保障劳动教育方式创新经费的投入。高校在做财务预算时要留出足够的经费用在劳动教育保障上。形成多元化的劳动教育经费来源,可合理分为政府经费、企业支持经费与校友捐赠。利用经费科学配备劳动教育设备,做好定期清查,排除设备故障,保证设备平稳运行。及时补充劳动教育教学活动所需的图书、视频、影像等资料。

(二)制定激励机制,增强创新动力

把劳动教育效果写进高校评估指标,提高高校劳动教育方式创新的动力。高等教育的质量评估是高校改革最关注的问题,高等教育教学评估虽然有效地促进了高等学校高质量发展,但也呈现出许多问题。比如,评估的主体不多元,科学性不够,高校表现被动。为激发高校自主创造力、主动性,应鼓励高校结合本校优势,建设独具魅力高校。让高校得到全面、主动、可持续发展,激发高校的自主创新能力。政府也要主动给予政策支持,重视评估的教育功能。高校劳动教育方式创新存在虚化、弱化的现象,有很大原因是高校领导对劳动教育方式创新重视度不够。因此,可把劳动教育效果列入高等学校评估的重要指标,以此激发劳动教育方式创新的积极性。

制定激励机制,提高教师劳动教育方式创新的积极性。重塑教育教学质量的评估体系,部分高校势在必行。高校考核教师的目的在于更好地培育全面发展的大学生。高校在对教师开展绩效评估时,把学生对教师在日常教学活动中的评价作为教师工作考核体系的重要评估依据,使教师疲于完

成考核材料的制作。为提高教师的劳动教育激情,高校人事部门应加强"课程劳育"在教师培训、考核认证、评定职称等方面的重要作用。鼓励教师开发和探索适合学生的劳动教育方式,以提高劳动教育方式的科学性。也可把劳动教育创新成果加入专职教师的评职称评估中,激发教师的创造力和工作动力。盘活事业编制存量,将闲置编制向劳动教育教师倾斜,以此鼓励教师多学习现代科技,多关注学生的学习动态和心理走向,注意发现学生潜力潜能,促使绩效评估体系能够真正发挥出对高校教师教育教学质量的有效鞭策和督促作用。

完善劳动教育奖励机制,提高学生对劳动教育方式创新的配合度。受家庭"唯学分论"的学习观念和学校"唯成绩论"的考核制度的影响,学生也自然而然地重视专业课学习,忽视除专业以外的课程的学习实践。所以,高校更新制度,引导学生主动参与校园开发的校园清洁、校园绿化、校园道路洒水、后厨粗加工等劳动实践,以手机记录,写心得体会,结合学工部门为参与者发放证书和纪念品。把劳动教育课程和实践列入学生学分,劳动实践作为学业评估的重要参考材料,提高学生的配合度。

(三)规范评价制度,优化创新效果

评价是劳动教育情况的监督者和检验者,所以高校劳动教育评价体系需要科学设计,以保证及时进行反馈,采取有效的改进措施来纠正劳动教育方式创新中的不足。

评价的目标要符合实际。高校要充分把握大学生发展规律和教育发展规律,明确本校所处的发展阶段和环境,结合自身发展规划和目标,制定可行性的劳动教育方式创新目标。比如,在阶段划分上,可设定5年一个总体目标。在维度上,可以从人才培养目标与当地经济社会发展的适应度、劳动教育教师与教学环境、资源的适应度、学生的专业劳动技能与用人单位的适应度等方面设定评价目标。考核形式要多元,体现定量、兼顾定性,加入自评和他评。在固定时间段,成立教师、学生和专家老师组成的评价小组对学

生的劳动教育落实情况给予综合评价。这种评价可以对劳动教育效果进行直观的反馈,也便于劳动教育指导部门对评价的指标及时更新。

评价机制要灵活。评价机制要随着实际情况变化进行适当的调整。"劳动教育主管部门和考核负责人员要针对劳动教育过程进行合理的评估,使劳动教育评价适应当地学生身心发展的特点",同时要开展激励机制,为劳动教育开展效果好的负责老师,颁发证书并给予奖金。例如,在学校开展"最美劳育教师"的评比活动,对获奖教职工按照规定给予加分。并善于利用学校的重要节日,给予公示表扬。也可把"校庆日"设为"全校劳动日"让学生体会劳动给校园带来的变化,感受劳动的力量。

第五章　五育融合下劳动教育实践

第一节　五育融合的理论概述

一、"五育融合"的基本内涵

（一）"五育"的基本内涵

所谓"五育"，具体指德育、智育、体育、美育、劳动教育（以下简称"五育"）。具体来讲，德育是向学生灌输社会主义思想，引导学生进行符合道德规范的道德实践，形成符合时代发展的文明意识和道德观念，目的是从整体上提高人的至善能力、满足人的精神需要。智育是传输科学文化知识和技能的根本途径，利用科学真知提高辨别是非和理性思考的能力。体育是以增强学生体质为目的，以教授学生健身知识与技能为手段的基础教育，其本质是身心双向发展、实现身心互育。美育是一种不仅帮助学生涵养人性，也能实现实践"立美"追求的重要育人途径。其目的不仅在于引导学生认识美、感受美，更重要在于创造美，具有人格的培养、心灵的净化双重价值。劳动教育具有教育功能的主体性，重在培养具有劳动知识、劳动精神的社会主义建设者，其价值意蕴是在"成事"的基础上实现"成人"，合二为一正是劳动教育价值的深刻表达。

从"五育"的内在逻辑来看，尽管各有其规律特点和任务要求，但从总体来讲，在"五育融合"这个整体中却是相互并列的结构，实践中也必然是相辅相成、相互渗透的有机系统。具体来讲,德、智、美本质是属于精神层面的教育,服务于培养学生真善美内在统一的完美人格;劳动教育是属于实践层面的教育,是推动德、智、美各育发展的重要手段;体育则属于生理层面,重在促进学生身心二者和谐发展,也是保证其他各育顺利进行的基础工程。由此看来,新时代高校要想构建"五育融合"协调发展长效机制,前提条件必然是在正确认识"五育融合"的时代内涵与内在逻辑基础上从更深层次把握"五育融合"的必要性,在更高层面上设计"五育融合"的运行机制。

(二)"五育融合"的基本内涵

1."五育并举"的含义。由于"五育融合"理念是对"五育并举"理念的继承和发展,因此研究"五育融合"必然首先得对"五育并举"进行阐释。"五育并举"理念是以蔡元培先生为主的思想家和教育家基于对国家命运、民族危机以及马克思主义"人的全面发展"理论的深刻认识和实践提出的教育理念。这里的"五育"主要包括:第一,军国民教育。军国民教育作为"五育并举"的重要内容之一,其本质是一种体育教育,是针对当时中国国内面临内忧外患、民不聊生的现状而提出来的。为改变这种局面,蔡元培大力提倡体育,以使"健全的精神,寓于健全的身体",这种教育理念不仅帮助学生树立了民族爱国主义思想,而且推动了近代的新民主主义的进行。第二,实利主义教育。所谓实利主义是在"尚实"的教育宗旨基础上所提出的,要加强科学技术,学好文化知识,为国民经济发展和先进的生产力提供支持,它既是对优秀教育思想的合理借鉴,也是对中国传统文化中"经世致用"教育理念的继承和发扬。第三,公民道德教育。它是对前两者的补充和完善,新的道德观一方面是对传统道德教育内容的继承和发展,另一方面是对西方思想的科学借鉴和吸收,实现了由传统向近代化的转变。第四,世界观教育。它不仅是"五育并举"的核心思想,也是"五育并举"的最高目标。其主张培养关注实体世界的有用人才,鼓励学生大胆创新思想观念,是对传统专制统治思想的强烈冲击。第五,美感教育。通俗来讲,美感教育就是美育,其思想主要受康德美学思想影响而形成,强调通过学校美育、家庭美育和社会美育三种教育途径,可以陶冶人的性情,培养人高尚纯洁的道德品性。蔡元培认为五者皆不可偏废。虽然新时代的"五育融合"理念并不等同于蔡元培先生所倡导的"五育并举",但在其本质上都强调人的全面发展,为新时代"五育融合"理念的提出和发展孕育了雏形。

2."五育融合"的含义。2020年12月,上海金山区举办了"五育并举,融合育人"论坛,关于"五育融合"教育理念在"课程改革""学校改革"以及"深化劳动教育"等方面做出介绍及经验总结。关于"五育融合"具体内涵,学界尚无定论,总的来讲,"五育融合"内涵丰富,不仅具有理论指导的特性,更具有实践导向的作用。从理论层面来讲,"五育融合"是对新时代高校"为谁培养人、培养什么人、怎样培养人"的具体回答,旨在通过"五育"的有机融合实现学生全面发展的育人目标。从实践层面来讲,"五育融合"是时代进步与社会发展的产物,其重点强调"五育"有机地系统融合,形成全新的教育内容、教育体系和教育目标。

"五育融合",具体指德智体美劳"五育"的融合。"融合"从词性来说,既可作名词又可作动词。从前者来说,它是指"五育"经过互相协调和配合最终所实现的一种平衡状态,也就是"五育"最终要达到融合的目标,是新时代高校新的教育机制和教育理念;从后者来讲,指"五育"通过相互渗透的方式最大化地发挥各育的作用,最后成为一个整体。但不论是作名词还是动词讲,"五育融合"最终目的是将已分化的或者是未分化的教育元素融合起来,力求发挥最大功效,实现最优效果。从融合理念来讲,"五育融合"不仅是新时代的教育价值观,更是根据"五育"的内在特征创新的新时代高校教育思维方式和实践范式。"五育融合",不仅是理论层面的融合,还包括方式、过程等实践层面的融合,是"全员、全程、全方位"的融合。从融合方式来讲,"五育融合"并不等同于"五育并举"简单的齐头并进,也不是"五育"机械地拼凑和叠加,而是通过"育内融合""跨育融合""五育互育"层层递进的形式将各育融入教育整个过程中,从而实现"五育"相互促进、相互渗透,形成区别于各育个体的整合体。从融合目标来讲,"五育融合"是"五育"从静态平衡到动态融通的过程,同时也是从价值引领到实践探索的不断尝试,是需要在教育情境探究中体现中国教育的运行机制的需求和特征,实现国家建设和社会发展的高素质人才需求,不断提升高校融合育人效应。总的来讲,"五育融合"是基于"五育"各育的功能和特征,形成的符合时代发展需要以及具有时代特征的新型教育理念、教育方法和教育目标。

"五育融合"是具有新时代特征的新型教育理念、方法和目标,是在传承优秀传统文化思想"五育并举"和借鉴国外先进教育理念"全人教育"基础之上形成的新时代教育价值共识,不仅是提升中国教育水平的战略一招,也是建设教育强国的创新一招,更是推动高校教育改革的关键一招。实际上,无论是"五育并举"或是"五育融合",都不限于一个概念或者观念,它更意味着一个机制,代表了一个时代。相比于"五育并举","五育融合"不仅强调"五育"之间的协调性,而且更加注重"五育"之间的融合性,是"五育"互相配合和支撑的载体。

(三)"五育融合"的基本特征

1.相互配合中体现整体性。"五育融合"的过程不仅强调"五育"作为个体要素育人的重要性,而且强调"五育"作为整体的育人价值性。从广义上来说,指统一的客观物质世界;从狭义上来说,指客观事物各个方面的有机统一。"五育融合"是坚持马克思主义整体性的具体表现,整体作用的发挥带动个体的发展,个体能量的聚集推动整体的进步,从而促进学生完整、全面、丰富地发展。培养全面发展的时代新人,意味着新时代高校必须增强德育实效、提升智育水平、加强体育锻炼、注重美育熏陶、强化劳动教育,使五者互相联结起来,相互协调,相辅相成,作为一个整体发挥功效,实现1+1>2的效果,体现其整体性特征。

强调整体,但"整体不是不要部分,全面不是不要个性",而是针对学生群体特征和育人目标所做出的整体规划和全面设计,制定"五育融合"实施方案、总体目标,绝不能因为追求特色、重视某一方面而忽视其他方面。只有尊重个体的特殊性才能发挥出"五育融合"整体功能的效果,也只有"五育"全面发展才会提升个性发展水平。"五育融合"是基于新时代国家教育方针的教育理念,需要高校各部门的配合,形成"十大"育人体系新格局,充分挖掘高校育人资源,拓宽高校育人渠道,整合高校育人力量,是具有整体性的高校育人理念和实践模式。"五育融合"是具有整体性的育人假设、育人思维、育人实践,是以尊重各育特殊性为前提,通过掌握"五育"之间的关系将课程设计、资源管理等多方面结合起来全面落实、融合推进,通过各育内部特征以及五育之间的优势,达到优势互补的效果,形成全方位育人。"五育融合"表现为整体的评价机制,"五育融合"摒弃了传统评价机制中不科学部分,反对以"五唯"作为高校根本评价标准,全面设计高校的评价方案、评价过程以及评价结果,把握新时代高校教育现状,提出相应改进策略,确保促进学生真正实现全面发展。

2.继承创新中体现系统性。马克思主义发展观的价值指向是实现人的全面发展,其融合了历史与现实、理论与实践等方面,及时进行理论创新和理论武装对人的发展十分重要。"五育融合"由"五育并举"理念发展而来,"五育并举"它是为满足资产阶级发展所诞生的产物,重在强调"五育"的参与度,而随着国家制度和社会背景发生变化,"五育"的内容也与时俱进。从中华人民共和国成立初期,为改善国家经济落后局面,国家倡导培育德智体等全面发展的社会主义劳动者,为国家建设提供人才支持;改革开放后,国家基于社会发展倡导培育"四有"新人,对德智体美全面发展提出进一步育人要求;进入新时代,习近平总书记提出要培养德智体美劳全面发展的时代新人,揭开新时代"五育融合"的序幕。"五育"在发展历程中,从制度设计到政策落实,再到具体执行等各个环节,都实现了全方位系统贯通,围绕时代特征和育人目标,形成了相互配合、相互衔接、同向发力的育人体系。"五育融合"除了在内容上由点到面,从"三育"到"五育",在融合方式上也寻求相互契合点,由"并举"到"融合",搭建"育内"和"育间"同时互育的融合模式,在融合的重点关切中把准其历史性脉络,充分调动了"五育"各要素的积极性,实现了"五育融合"在全方位融合中协调发展的系统性。

3. 协调统一中体现融合性。马克思主义的平等观具有鲜明的历史生成性,"五育融合"的教育理念也完美地继承了这一特性。尽管目前中国高等教育在"五育融合"方面仍存在一定问题,但在育人目标、育人内容和育人方式上"五育"却是平等的,对整体功能的发挥也是缺一不可的。"五育融合"的整体性就是通过"五育"的融合性所体现的,必须先实现融合才能达成整体,实现"五育融合"的整体功效,注重"五育"的协调统一是必要条件。首先,"五育融合"的融合性体现在育人目标的融合。育人目标融合是指"五育"在无差别的融合过程与结果中形成平等的育人目标,"五育"的融合过程是"行为主体在各育建设过程中充分认识、总结各育规律并把其贯彻到发展实践当中的过程",在这个过程中对于失衡环节及时调整,建立起"五育融合"的发展机制,为"五育融合"提供基本保障。其次,"五育融合"的融合性体现在育人内容的融合。虽然"五育融合"的具体内容最初并不全面,但国家在不同时期根据社会发展和人的全面发展需要对其不断进行深化,使得"五育融合"知识结构和输出内容等方面在保持其特殊性的基础上既相互独立又彼此依赖,各育在齐头并进的同时又相互渗透,实现"五育互育",互相取长补短,实现内容上的融合。只有在尊重各育独特性的前提下实现的互动融合,才能实现整体效果的最大化,才能促使"五育融合"不片面、不畸形、不异化,"具有完整的人格与健全的生命样态"。最后,"五育融合"的融合性体现在育人方式的融合。"五育融合"作为一种"整体融通式思维",共同服务于高校"立德树人"这个根本目标。"五育融合"不仅促使各育之间的关联度和衔接度更加紧密,也推进各育自身的运行方式和发展方式得到发展。"五育"在融合的过程中,各育以相互渗透和相互配合的方式影响着其他要素的发展,打破传统"各育"的壁垒,营造出整体育人环境,而非某一要素的局部完善,这就为"五育"的互相融合提供了基本保障。

二、"五育融合"的内在关系

(一)德育是根本

2018年习近平总书记在北京大学师生座谈会上强调:"人无德不立,育人的根本在于立德。"从本质上讲就是以德为先,注重品德教育和能力教育的高度融合。"国无德不兴,人无德不立",德育作为"五育"的根本,掌握着"五育融合"的灵魂和方向,是立德树人的核心内容。德育的本质是通过德育的教化,教人向善,正确引导学生道德行为。因此,建立完善的立德树人机制是培养时代新人的重中之重,同时也是发挥德育效能的有效途径。德育具有双重属性,既指向人的社会属性,也指向公民的个人属性。从社会角度来讲,德育的教化能够提高整个社会的道德水准,促进社会团结、和谐发展;从个人角度来讲,德育能够推动个体全面发展,满足人的精神需求,搭建个体与外部世界和谐发展的"桥梁",从而保证个体顺利学习和工作。德育重在培养符合社会存在和发展的德行,一方面,德行的养成会激发学生认知的动力和热情,一个拥有理想、具备良好品质、热爱社会科学的人,一定在探索求知过程中表现出对探索未知和科学真理的积极性和热情;另一方面良好的德行能让学生以一种求真至善尚美的姿态去处理教育过程中人与人、人与自然的关系,与人为善,与自然和谐,发挥出德育育人的实效。德育为先,既要求其他各育服从和服务于德育,又要统筹兼顾其他各育的工作,只有尊重德育的根本地位,才能为"五育融合"奠定坚实的基础。总之,强化新时代高校"五育融合"建设之路,就是要在抓好德育根本地位基础上,统筹协调推进"五育融合"总目标。

(二)智育是关键

学校作为育人的主战场,是一切教育关系集聚的舞台,只有通过强化各教育因素的联系,才能够调动各方面的积极性,创造良好的教育环境,为"五育融合"提供有利条件。智育的主要任务在于促使学生掌握系统的文化科学理论知识和形成基本实践技能,增长知识和见识,全面提升学生的智力水平。智育以知识传递为核心,始于知识传递但又不止步于知识传递。智育作为"五育"的一个重要组成部分,贯穿于其他各育之中,为各育的顺利开展提供科学理论依据,智育的进行也必然意味着道德认知、审美能力、身体素质、劳动精神和能力的提升。在智育的过程中,学生借助教育者的科学指导,通过课堂教学和课外活动等各种方式,积极主动地完成智育的任务。理论知识体系庞大且复杂,为确保输入知识的科学性和合理性,教育者必须注重培养学生逻辑理性和实证理性思维,对各种规范敢于进行"客观评判"。正是因为智育具有全面教化的功能,受教育者才不会有思维定式,唯书唯上,而是敢于理性审视一切文化知识,勇于批判反驳错误知识。总之,智育注重逻辑能力的提升,是实现"五育融合"育人目标的重要一步,智育的发展为其他"四育"的进步提供相应的科学知识,成为"五育"共同进步的关键因素。科学发展是一个不断创新进步的过程,智育作为"五育融合"的关键因素,贯穿于各育过程当中,体现着各育的教学成果,不断教给学生科学的知识,激发创新意识和创新能力,培养批判性思维,增长学生才干,从而推动学生全面发展。

(三)体育是基础

体育不仅关乎人民幸福和民族未来,更是"实现立德树人根本任务、提升学生综合素质的基础性工程"。体育作为促成"五育融合"一个重要组成部分,主要以身体练习为方式、传授健身知识和技能为目的,培养学生体育精神,促进学生身心发展。体育蕴含着丰富的教育元素和资源,承载着重要的育人功能和价值,能够推动学生身心全面发展,是推动"五育融合"的重要因素。既然教育的目的是育人,就不仅仅是育德或者育智,良好的健康状况、饱满的精神状态,这是感知世界、克服困难的最重要条件,而这也正是体育所要实现的目标。体育的内容体系主要包括心理、生理以及社会三个层面,其主要目标是通过体能知识教育和训练,一方面促进学生心理和身体健康发展,发扬体育精神;另一方面,通过团体性的体育活动培养学生团体合作与规则意识,自觉养成按照规则办事的社会惯性思维。作为"五育"的基础,体育包含在德育、智育、美育、劳动教育各个要素之中,相反,也蕴含着各育的元素,实现了以体育德、育智、育劳、育美的目标,成为推动这些要素发展的基础性因素,是协调推进"五育"和谐发展的灵魂所在。正确的体育观,就是要认识到体育对德育、智育、美育和劳育的正向推动作用,实现以体育智、以体育心,根据实际情况开设不同的体育教学和训练项目,提高学生身体素质和意志品质。因此,只有打牢体育这项基础工程,才能培养出身心和谐发展的新时代建设者。

(四)美育是灵魂

美育的实质是一种精神教育,通过对"美"的感受和理解达成情感共鸣,是与其他"四育"共同统一于"五育融合"教育目标之下的教育要素,它的融合说明了国家教育体制的创新和进步。美育的本质是通过正确的教育活动,引导学生认识美、发现美,树立健康的审美观,提升创造美的能力。作为"五育"中必不可少的一部分,美育具有不可替代的独特性:一是意识形态性和审美独立性的统一。马克思曾指出人类在长期社会实践中历史地形成了掌握世界的方式,包括科学的、艺术的、宗教的和实践精神四种。美育就是通过提升学生的审美意识、审美能力和审美水平,进而使其能够理解美、欣赏美、感悟美并创造美,全面塑造人的心灵。从哲学目标来说,德育想要达到的目标是寻求伦理的"善",智育的目标是追求事物之"真",美育的目标是发现生命之"美"。美育是通过审美鉴赏、艺术熏陶、技能训练等手段,借助艺术的自由思维性、情感愉悦性、形象创造性和熏陶渗透性等,通过美化人们的心灵,形成健康的审美观,培养高尚的道德情操。二是知识性和情感性的统一。根据马克思主义的观点,美是主观和客观的统一。欣赏事物的美,就必须有能够感知美的心灵,而要使这种感知能力具有高度的理性和主动性,就必须经过理论的学习和知识的陶冶。三是发展性和补偿性相统一。

美育不仅能够在发展的过程中培养人的道德情操、丰富人的心灵,帮助其确立正确的世界观、人生观和价值观,而且能以美引善、美能益智,充分挖掘出各育中所蕴含的心灵美、语言美、科学美、健康美、勤劳美等丰富资源。可见,美育具有其他各育所不具有的功能,通过融合使美育深入其他各育之中,净化人的心灵,丰富人的灵魂,为教育过程增添了活力,使"五育融合"变得更加完整和系统。

(五)劳动教育是保障

马克思曾指出"生产劳动同智育和体育相结合,不仅是提高社会生产的一种方法,而且是造就全面发展的人的唯一方法。"马克思认为劳动是人的特性,因此人的价值性则通过人的劳动过程与劳动产品来展现。劳动教育不仅仅是传授综合技术知识,还强调其在教育和社会之间的联系功能,让学生在面对非传统就业形势时,通过在劳动过程中获得的科学精神、创造性解决问题的方法和能力轻松应对不同工作环境的挑战。进入新时代,劳动教育作为人才培养体系的重要组成部分,被纳入"五育融合"体系之中,并赋予其新的时代使命,承载着完善教育体系、提升教育质量的使命。通过劳动,唤醒学生劳动热忱,复兴劳动文化,培养劳动精神,避免因崇尚新自由主义而出现劳动缺失。新时代劳动教育的价值和意义就是培养学生正确的劳动价值观和劳动态度,进而能够辛勤劳动、诚实劳动、创造性劳动,在劳动磨砺中经受精神洗礼,树立起坚忍不拔的意志品质。劳动教育是动手和动脑的紧密结合,通过以劳树德、以劳增智、以劳强体、以劳育美,为各育的开展提供保障,为"五育融合"奠定坚实基础。

在"五育融合"育人体系中,"五育"是相互影响和相互支撑的逻辑整体,德育体现"善"的要求,智育体现"真"的要求,体育体现"健"的要求,美育体现"美"的要求,劳动教育体现"实"的要求。五者既有自身的规律和特点,又互相渗透、互相影响、互为条件。正基于此,"五育"必须同步推进,以实现五者有机融合。

三、高校"五育融合"的时代价值

(一)实现"五育"互通式发展的有力支撑

德智体美劳分别作为融合育人的价值基础、认知基础、物质基础、心理基础和实践基础,在融合的过程中饰演不同的角色,高校作为立德树人的主阵地和主战场,必须将"五育"的实效发挥到极致,并且在各育之间建构起互动机制,实现"五育"的互通式发展。新时代高校探索"五育融合"的教育机制,是指高校根据"五育"内涵和特征在教育内容、教育方式、教育理念等方面的相互包容和补充,建构"五育"互动桥梁,强化"五育"联系,实现在"一育"中渗透"五育","五育"整合为"一育"的效果。从理论层面出发,高校落实"五育融合"的教育理念,是推动高校创新发展的必然要求,也是实现"五育"互通式发展的前提基础。

首先,"五育融合"促进了各育"育内融合",因为各育内部包含着众多要素,这些要素在高校教育的实际情况中或者被割裂,或者被忽视,但是通过对汇聚在各育内部的各要素的整合,有利于形成有机整体,一方面使各育在教育内容、方式等方面保持着相对独立性,另一方面又从育人的角度重新审视各学科及学科间的相互关系,使各育的优势得到最大限度发挥。其次,"五育融合"推动了"育间融合","智育、体育、美育和劳动教育中无不包含着德育的内容,德育、体育、美育、劳动教育中也无不包含着智育的内容,体育、美育、劳动教育的内容同样渗透在各育之中",各育既保持着其相对独立性,又与其他内容相互联系,是一个紧密联系的辩证统一体。"五育融合"要求各育共同服务于塑造全面发展的人这一伟大目标,这就需要"五育"各育之间建立起沟通机制,寻求在目标、内容、方法等方面的契合点,形成具有协同效应的模块,弥补各育的短板,帮助学生形成整体感知力和架构完整的知识结构。最后,"五育融合"催生了"跨育融合","通过对各育模式加以分析,创造真实情境,打破各育领域界限和传统逻辑,利用模块、项目、主题、探究等方式进行德智体美劳综合教育"。"跨育融合"是一个超越既有学科、打破传统的建构过程,有利于从"五育"的关联性出发催生新的着力点,为高校"五育融合"提供素材。习近平总书记多次强调"高校立身之本在于立德树人",而立德树人更在于全面发展,新时代高校只有将"五育融合"落实在实处,才能发挥五育整体育人的功能,使"五育"实现共生融合。

(二)发挥"三全"育人真实效的可靠力量

2021年4月习近平总书记在清华大学考察时指出:"我们要建设的世界一流大学是中国特色社会主义的一流大学,我国社会主义教育就是要培养德智体美劳全面发展的社会主义建设者和接班人",为高等教育的发展和建设一流大学指明方向。培养"五育"全面发展的社会主义高素质的建设者和接班人,是国家教育方针的基本内涵,也是国家高等教育的历史使命,高校只有抓住这个关键才能取得质的进步,才能办出具有中国特色的一流大学。"五育融合"教育理念是建设一流大学的新要求,要求高校必须全方位配合,通过全员、全程、全方位构建"三全育人"共同体,推动"五育融合"理念进课堂、进教材、进头脑,在现实中检验理论与实践的切实可行。

高校是立德树人的主阵地和主战场,具有全局性育人功能,"五育融合"有利于保障高校全局性育人功能得到最大限度发挥。首先,"五育融合"有利于构建高校全员育人格局。"全员"具有广泛内涵,包括高校辅导员、教师、行政、后勤服务人员等多重主体,分散在学校的各个部门和岗位,对学生的行为引导和价值观建立具有潜移默化的影响,对高校"五育融合"具有推进作用。"五育融合"是新时代新型教育理念,是促进学生全面发展的必由之路,要求教育实践或教育活动以学生为中心,特别是"五育"任课教师,根据其自身职责和影响力,发挥"五育互育"、"一育"育"五育"等功能,充分发挥育人功能,将全员育人力量更好地整合在一起。其次,"五育融合"有利于实现高校全程育人目标。全程育人是指高校所有部门和人员在教育的各个环节和方面所进行的育人工作,与大学生成长成才具有密切的联系。"五育融合"绝非一蹴而就,具有长期性、滞后性等特征,根据学生身心发展特点有针对性地开展育人工作才能真正做到全程育人。从课程设计、教材选取、师资建设等环节开始建立不同阶段的环环相扣、层层递进的育人工作机制,才能让育人全程更有实效。最后,"五育融合"有利于发挥高校全方位育人功能。全方位育人是高校一项重要而具有系统性的工作,同时也是一项长期性的任务,需要高校各部门相互配合、整体推进。高校各项工作的开展目的都在于立德树人,环境育人也是高校全方位育人的关键部分,因此打造适宜的校园环境是提升高校全方位育人实效的重要保障之一。高校的育人工作必须兼具整体性和系统性特征,"五育融合"正是在促使学校各部门的互相配合与交流中保证了各自优势的充分发挥,取得了"1+1>2"的实效。

"五育融合"是一项要求必须具备全局性的育人工程,对实现高校"三全育人"的总体目标具有一定推进作用,其本质也是落实党的教育方针的创新之举,有利于高校发挥全局性的育人功能。

(三)培养"全面"发展型人才的充分保障

2018年5月2日习近平总书记在北京大学师生座谈会上的讲话中指出:"培养社会发展所需要的人,说具体了,就是培养社会发展、知识积累、文化传承、国家存续、制度运行所要求的人。"社会发展推动教育发展,"五育融合"正是新时代中国高等教育走向高质量发展、维护教育共同利益和抚平教育焦虑的关键之举,也是培养内外兼修的全面发展型人才的必由之路。首先,教育对象是独立的个体,"五育融合"的效果只有通过对教育对象自身的复杂建构方能显现和发挥。一方面,教育对象是十分复杂的群体,因为每个人具有不同的生理和心理特征,"五育融合"的效果在每个人身上产生的效果和作用也不同。另一方面,"五育"既是相互独立的个体又是相互联系的教育元素,"五育融合"并不等于"五育"的机械拼凑,因此教育对象的综合素养也不等同于"五育"素养的简单相加,只有通过"五育融合",深化"五育互育",实现"五育"的重生与融合,才能凸显"五个一相加大于五"的整合效应,培养出全面发展型人才。其次,新时代的教育对象受到互联网的深刻熏陶,他们对社会敏感度高,具有自己的看法和见解,思想具有个体性、多样性、开放性等特征,因此对于教育质量的要求更高。"五育融合"教育理念致力于理论与实践的高度契合,是新时代建设求真、向善、立美育人体系的客观要求,同时也是从"抽象的人"向"具体的人"育人理念的深度转变。最后,具有未确定性是人的重要特征。人的存在始终是具有不确定性和无限可能性,需要不断发展来满足自身需求。马克思主义指出,人和动物相比,最大的区别就在于人的未完成性,而这种未完成性恰好为新时代高校"五育融合"提供了客观依据。"五育融合"是个体发展的内在需要,也为"实然之人"到"应然之人"的转变提供了路径,最终实现全面发展。从本质来讲,"五育融合"就是人的需要,一方面,人的需要促使教育对象不断提升自我和发展自我,满足个体全面发展的内在需要。另一方面,人的需要使人进一步明确自己的人生目的和价值追求,从而为人的全面发展提供可能。

第二节 五育融合视角下劳动教育课程的价值认识与路径建构

2019年2月,中共中央、国务院印发了《中国教育现代化2035》,其中特别强调"五育"之间的相互融合,文件指出:"要构建德智体美劳全面发展的教育体系和科学的评价体系。""五育"只是理论上的抽象划分,并不意味着实践上的具体割裂。事实上,教育实践是一项完整性的活动,涉及"五育"的各个方面,最终指向人的全面发展。在现实教学过程中,教育者往往将意识与行为分离,将五育割裂,导致与教育实践的目标产生了偏离,因此,通过"五育"的重新融合,构建一个培养人全面发展的体系十分重要。

在"五育"从实践中被抽离到重新融合的过程中,劳动教育具有基础性的地位和功能,只是由于各种现实因素的存在,理想化的劳动教育并没有得到有效实践。鉴于此,下面对劳动教育与其他四育融合的耦合机理、劳动教育课程价值、劳动教育课程的路径建构做了分析与探究。

一、劳动教育与其他四育融合的耦合机理

(一)共同指向人的全面发展

《现代汉语词典》中对"融合"一词的释义为"几种不同的事物合成一体"。由定义可知,融合并不是事物的简单拼凑,而是事物之间突破边界,相互渗透、聚焦,进而成为一个完整体。"五育融合"也是指劳动教育与其他四育相互渗透,生成一个有机统一整体的过程。"五育融合"因为要将育人目标、课程内容、教学实践一体化,所以需要就"因何而教""何以教之""教之如何"等问题给出统一的回答,最终指向是人的综合素质培养。[①]在现代社会发展过程中,塑造全面发展的生产者离不开劳动与教育的紧密结合。劳动教育作为"中介",有其独特的综合育人价值,将四育中对人才素质的基本要求转化为对全面发展的劳动生产者的培养,体现了与其他四育的内在耦合机理。

(二)劳动教育具有基础性地位和作用

在"五育"走向融合的过程中,劳动教育还具有基础性地位和作用,其在融合过程中展现出无可替代的唯一性。

首先,劳动是教育的起源。马克思说:"劳动是人类的本质活动。"教育作为人类活动的一部分,其产生也与劳动密不可分。学习的实质本就是促进人类智慧发展的一种劳动,作为人类本质活动的劳动不仅催生了教育,也在"五育融合"过程中无处不在。其次,劳动教育是其他四育实践的重要组成部分,缺少了劳动的教育是不完整的,甚至是失败的。在德育过程中,缺少劳动的经历,品德则不易内化和外显;在智育过程中,缺少劳动的参与,教学则偏离了目标;在体育过程中,缺少劳动的经验,体质则无法保持和提高;在美育过程中,缺少劳动的体验,则无法领悟美的形成。因此,劳动教育与

---

① 杨小微.从抽离到融合:基于劳动教育的"五育"共进之路[J].福建教育学院学报,2020,21(10):12—15+57+129.

其他四育都是不可缺少的教育内容。

以上论述主要是抽象的理论探讨,在具体的教育实践中,"五育"之间同样存在普遍性和特殊性。在融合过程中,劳动教育与其他四育互相渗透、密不可分。一方面是教育目标的融合,即在具体实施过程中,劳动教育的行为也包含促进学生德智体美发展的可能性。另一方面是教育内容及实施的融合,如在劳动教育过程中,对劳动情感的培养、劳动品质的形成也涉及德育中道德情感、道德意志的范畴。广义而言,无论怎样的教育行为,对学生发展的影响都是综合性的。事实上,很难界定某种教育行为属于"五育"中的哪一类。

二、"五育融合"视角下劳动教育课程的价值解析

课程是教育的主要载体,承担着主要的教育任务。从价值论的观点出发,厘清劳动教育课程的价值内涵,回归教育本质,是劳动教育课程化的本质。

育人是劳动教育课程的本真价值。劳动作为人的本质活动,是一种复杂的生命活动和现象,其中融合了人的认识、情感、审美等方面,彰显出教育的本质与意义。显然,劳动教育课程与其他四育相比,有其独特的综合育人价值,即树德、增智、强体、育美。

三、"五育融合"视角下劳动教育课程的路径建构

科学合理地编制劳动教育的课程内容对"五育融合"的实现至关重要。在"五育融合"教育观的指导下,依据课程基本要素,推进劳动教育课程建构,需要我们从实际出发,在探索中前行。

(一)以"五育融合"明确劳动教育课程的目标

课程目标反映了国家对人才培养的要求,合理的课程目标是课程科学实施的有力保障。在"五育融合"大背景下,需要对劳动教育课程目标进行具

体化的研究。根据多维教育理论中的三维目标模型,课程目标被分为知识与技能、过程与方法、情感态度与价值观目标三个维度,下面据此展开论述。首先,在知识与技能目标维度上,课程目标是通过劳动课程实践,培养学生基本的劳动知识与技能,具体表现为如何采集和筛选信息、打扫卫生、手工操作等能力。其次,在过程与方法目标维度上,劳动课堂应更加注重学生的劳动体验,提高学生的综合劳动素质,强调劳动方法的运用,采用多种劳动形式和教学方法,以实现学生劳动创新品格的内化。值得关注的是,要灵活运用教学方法,注重过程与方法上的统一性和开放性。最后,在情感态度与价值观目标维度上,课程目标是使学生在劳动课程的学习过程中,构建通识性学科体系,进而培养吃苦耐劳、敢于创新的劳动精神。体会"人的存在因劳动而创造"的含义,理解"劳动最光荣"的观念,培养人与自然和谐的意识,树立积极的劳动观。此外,"五育融合"下劳动教育课程的终极目标是人的全面发展,所以在课程建设过程中,强调跨学科领域的合作,注重学科之间的渗透与融入,采用多种学习模式,如主题性学习、项目式学习、steam课程学习等,使学生获得全面的发展。

(二)以"五育融合"重构劳动教育课程的内容

根据"五育融合"要求,为了实现综合实践课程与专业知识课程、技能课程的有效结合,螺旋式课程和直线式课程并进开发,劳动教育课程内容的选取应遵循以下几个方面:第一,依据《义务教育课程设置实验方案》和《普通高中课程方案(实验)》,综合实践活动课程和通用技术课程是劳动教育实施的重要途径,务必确保义务教育阶段劳动教育课程的正常开展,要尽量消除其他学科的"占有"及"形式化"的敷衍。而在高中阶段则应严格保证通用技术课程的正常开展,课时分配和实施形式可根据具体情况而定,并且在相关学科的教学过程中,强调劳动能力的锻炼,注重劳动意识与情感的培养,巧妙融入劳动教育内容。其次,要注重劳动教育课程内容的层次性,按照学生不同的年龄特征、身心发展程度设计不同层次的劳动教育内容:小学低年级的课程内容以简单的体力劳动为主,如打扫卫生、整理书本、养一条小金鱼等,并且实行责任制管理,组织学生分享自己的劳动感悟。小学中高年级的课程内容则可适当提高难度,如独立完成家务等。初高中阶段的课程内容则可以涉及职业技术训练、劳动能力创新等方面,如参加社团、创新技能大赛、社会公共服务等。要考虑到一定的职业规划,以期更好地与大学接轨,将隐性课程与正式课程有机融合,切实发挥"劳动创造人"的作用。

(三)以"五育融合"创新劳动教育课程的教学方法

进入"五育融合"的新阶段,劳动教育课程在教学方法上要有所创新。五育在课程教学过程中的地位是相等的,做好五育课程内容之间关系的协调尤为重要。所谓"教无定法",教学方式呈现多元化、情境化是如今的大趋势。"五育融合"视角下的劳动教育课程教学方法的要旨是在协同四育、创造性劳动、体力劳动、智力劳动等关系上创新形式。在具体实践中,要处理好劳动理论知识与劳动实践的关系。"五育融合"之下的劳动教育指向人的全面发展,要求教育多元化,其中包含着对教学方法的灵活运用,具体表现为:打破体、智的边界,采用丰富、具体的教学方法以提高学生的劳动综合素养,通过劳教互渗突出"三位一体"的教学理念,促进学生在劳动教育课程中身心得到和谐发展。除此之外,还可以根据具体情况适当运用"互联网+"的教学方法,打破地域限制、空间隔离,实现资源共享。

(四)以"五育融合"建构劳动教育课程的评价体系

评价具有指导、监督、管理等功能,是在客观事实基础上进行的主观价值判断。其本身也是修正教学过程,以达到预期教学效果的一种手段。本文将劳动教育课程的教学目标、内容、方法等在"五育融合"的视角下进行了重构,劳动教育课程的评价机制也需要相应进行调整。

当前,重构劳动教育课程评价体系须做到:首先,确立评价维度和制定评价标准。有效评价的前提是要有科学合理的评价标准。评价维度和标准是制定评价规则的基础,没有确切的评价标准,评价内容则易陷入混乱。针对劳动教育课程客观存在的现实困境,科学合理地选取可操作性内容,有利于快速提升学生的综合劳动素养。其次,要采取多元的评价方法,质性评价方法较为契合劳动教育。最后,构建科学、系统的评价制度。教育行政部门需联合学校、社会共同构建有效的评价机制,形成三位一体的新评价范式,营造积极的制度氛围。

第三节 五育融合视角下高校加强劳动教育的对策

一、"五育融合"视角下高校加强劳动教育的重要性

青年大学生是推动党和国家事业发展的宝贵人才资源,是国家的希望和民族的未来。习近平总书记在北京大学师生座谈会上强调,"以青春之我、奋斗之我,为民族复兴铺路架桥,为祖国建设添砖加瓦。"加强对青年大学生的劳动教育,激发青年大学生劳动的原动力,是新发展阶段社会主义现代化建设的呼唤与诉求,也是青年大学生打造幸福成功人生的有力保障。习近平总书记特别重视对广大青年的劳动教育,强调要培养青年一代热爱劳动的良好习惯,锻炼吃苦耐劳的品质,为人生发展奠定坚实的基础。可见,培育新时代青年大学生劳动精神是实现中华民族伟大复兴的必然要求。

(一)高校贯彻落实立德树人根本任务的需要

青年大学生是新时代建设的生力军,担负着历史重任。习近平总书记指出:"要坚持把立德树人作为中心环节,把思想政治工作贯穿教育教学全过程,实现全程育人、全方位育人。"因此,高校要牢牢占据意识形态战略高地,教育青年大学生以马克思主义理论为思想武器,抵抗西方不良意识形态的侵扰。一些西方国家从未放弃对我国进行意识形态方面的渗透,他们往往

披着"民主、人权、平等"的外衣,大肆渲染"普世价值"、历史终结论、历史虚无主义等,将意识形态作为切入点,以更娱乐化的表达方式、更隐蔽的融入方式、更煽情的灌输方式将意识形态包装成大众文化乘虚而入,试图争夺文化领导权,消解我国社会主义核心价值体系。因此,努力引导青年大学生德智体美劳全面发展是高校落实立德树人根本任务的题中应有之义。

(二)培养全面发展的社会主义建设者和接班人的需要

中华人民共和国成立以来,我国对于培养社会主义建设者和接班人的教育要求和教育目标不断发展和提升,从"德智体全面发展"到"德智体美全面发展"再到"德智体美劳全面发展"。新时代对教育培养目标提出了更高的要求。党和国家所需要的社会主义建设者和接班人,不仅要拥有坚定的理想信念和深厚的爱国情怀,还要有强健的体魄、高雅的鉴赏能力和浓厚的劳动精神,因此,劳动教育要被纳入人才培养的全过程。首先,要帮助青年大学生打好劳动素养基础,使他们能够掌握一定的劳动技能,养成良好的劳动习惯。其次,要引导大学生形成正确的劳动理念,能够从内心深处尊重劳动、劳动者和劳动成果,懂得劳动的价值所在,从而通过辛勤劳动来实现人生的价值,成为党和国家需要的合格的社会主义建设者和接班人。由此,加强大学生劳动教育有其不可忽视的现实意义。

(三)引导大学生培育、践行社会主义核心价值观的需要

社会主义核心价值观是我国的社会发展状况与思想发展进程高度浓缩的价值精华所在,高校坚持社会主义性质教育教学的同时,必须将社会主义核心价值观渗透到教育的每一个角落,习近平总书记强调"要使核心价值观的影响像空气一样无所不在、无时不有"。青年大学生是推动中国特色社会主义事业发展的主要动力,承担着民族复兴的希望和祖国建设的美好未来。他们正处于"三观"确立的成长时期,思维活跃,好奇心较强,对新鲜事物接受能力强,容易受外界不良情绪或不良因素影响。

当今世界正发生着深刻的变化,一些西方国家将他们自以为优越的意识形态裹上"糖衣",企图在文化领域进行"颜色革命",试图称霸意识形态领域。西方的新自由主义、民主社会主义、历史虚无主义等披着"幽蔽"的面纱,以更加多样性、隐蔽性的方式对我国主流文化价值取向进行侵蚀,造成部分大学生内心对红色信仰的扭曲和红色基因的变异。习近平总书记多次强调要"引导青少年扣好人生第一粒扣子"。

因此,高校要积极引导青年大学生树立正确的人生观和价值观,积极引导大学生坚持中国共产党的领导、坚持走中国特色社会主义道路,增强大学生对不良文化、负面观念的防御和抵抗能力,提升青年大学生成长与社会主义核心价值观的契合度,为大学生成才提供坚实的价值基础。

(四)高校贯彻落实习近平新时代中国特色社会主义思想的需要

习近平总书记关于劳动的重要论述是习近平新时代中国特色社会主义思想的重要组成部分,是指导高校加强劳动教育的行动纲领。习近平总书记充分肯定了劳动的价值意义,他指出"劳动是财富的源泉,也是幸福的源泉"。他认为劳动具有巨大的创造性与引领性,劳动创造了中华民族,造就了中华民族的辉煌历史,也必将创造出中华民族的光明未来,进一步丰富了马克思主义劳动观的科学性和真理性。习近平总书记还强调要尊重劳动、尊重普通劳动者,要求全社会都要贯彻尊重劳动、尊重知识、尊重人才、尊重创造的重大方针,任何时候任何人都不能看不起普通劳动者,都不能贪图不劳而获的生活。大学生要将习近平新时代中国特色社会主义思想作为行动指南,深入学习研究习近平总书记关于劳动的重要论述,加强有关劳动的理论学习和实践。

二、我国高校劳动教育的现状透视

劳动教育是整个教育体系中的重要组成部分,劳动得到了党和国家的高度重视,在全国教育系统掀起了劳动教育的热潮,劳动教育的良好氛围正在加速形成。但当下受多维因素的影响,劳动教育仍然存在一些不足,甚至成为"当前整个教育体系当中的短板,可能是最短的短板"。

(一)劳动认识薄弱,劳动教育地位不高

劳动教育是五育融合的起始点和凝结点,但随着我国经济改革步入"深水区"和新型城镇化的纵深发展,社会上出现了一些诸如拜金主义、享乐主义、消费主义等错误的人生价值观念,对于小部分的青年大学生的劳动价值观产生了极大的不良影响,网络上浮现了诸如"躺平""丧""内卷""佛系"等一系列不必要的现代性焦虑与青年亚文化,同时由于一部分人的炫富行为和自身的价值"侧偏",部分大学生深陷美屋豪车华衣的诱惑中,出现了贷款消费、超自身能力消费等不良现象,只顾眼前物质上的享受,而对于劳动则嗤之以鼻,不屑参加各种形态的劳动实践。目前亟待从根本上扭转大学生的劳动认知,如此,大学生才能承担起时代所赋予的使命,肩负起应有的社会责任。

(二)劳动教育缺乏完善的课程体系,劳动教育"去生活化"

由古至今,人们对于一般的劳动与劳动者都戴着有色眼镜,认为一般的劳动或者体力劳动低人一等。在我们的教育体系中,劳动教育也常常处于低位。高校在培养学生的过程中,对于劳动教育重视程度远不如文化课,甚至是完全忽视,很多高校在具体的劳动教育实践安排中缺乏系统的、长远的规划组织能力,且尚未形成一个完整的劳动教育课程体系,劳动教育呈现单一化、碎片化特征:一是在教学理念方面,劳动教育没有得到高度重视,在教育内容上设计笼统,劳动内容浅层化,缺乏分层教学和专业特色,产生"千人一面"的问题。实现劳动教育内容的分层设计和劳动教育与专业教育的契合仍然是当前高校劳动教育面临的问题之一。二是教学考核方面,以成果为导向的考核办法尚未完善。高校尚未形成教育学习效果的有效考评办法,造成学生的劳动教育情况得不到及时有效反馈,导致教师的教学工作难

以改进,大学生对劳动教育学习的动力不足,课程教学与实际脱节,劳动教学效果得不到保障,这很难提升高校劳动教育的质量。三是在教学质量评价方面,劳动教育的评价标准和评价体系仍不健全。高校对于劳动教育教学质量评价的一些显性指标与隐性指标还未形成人性化、多维度且可操作的评价体系。这造成了大学生劳动教育与现实生活往往是脱轨的,劳动教育"去生活化"现象较为严重。这种劳动教育与学校课程体系之间的相对剥离,导致劳育与其他"四育"的分裂,使大学生无法真正受益于"五育融合"体系。

(三)劳动教育实践设置不足,尚未形成协同育人

高校劳动教育需要家庭、学校和社会机构等多方参与和协同,形成教育合力,引导和规范大学生劳动教育。但目前尚未正式形成完善的大学生劳动教育实践保障机制,劳动实践管理的制度保障、物质保障、师资保障等还不够完善:一是学校方面,劳动教育的施教空间不仅需要在教室内进行劳动理论知识讲授,更需要在社会生活中进行实践体验和磨砺,但部分高校劳动教育资金投入不足,致使校内劳动教育设备、劳动场地等更新不及时,劳动课程开发无法得到硬件上的保障,校内劳动实践难以开展,更遑论校外劳动实践。部分高校基于学生人身安全考虑和审批程序烦琐问题,往往心有余力不足,虽有践行之愿,难有实践之行。二是社会、企业方面,大学生劳动教育需要学校、社会、企业等多维发力,共同教育。但当前学校和企业、社会为各自独立的实体,受劳动教育复杂性的影响,很难形成一个多方共同参与的教育共同体。三是家庭方面,家庭是社会的细胞,大学生的劳动习惯最直接的形成场所是在家庭,大学生的劳动教育需要家长的配合。家长应该注重在家庭中进行劳动教育,但部分家长溺爱孩子,将学习视为孩子的至上目标,对于让学生参与劳动处于排斥状态,因此在家庭中也很难开展劳动实践。

纵观家、校、社会三方劳动教育实践,不难发现不仅三方内部的劳动教育

存在一定的"痼疾",三方的协同配合也存在各自为政的问题,家庭、学校、社会在解决内部劳动教育矛盾的同时还须通力合作,形成大学生劳动教育的大思政教育格局。

三、"五育融合"视角下高校加强大学生劳动教育的对策

劳动教育是对新时代我国现有教育制度、教育体系的补充和完善。新时代,高校加强劳动教育是大学生成长所需,也是时代所求。

(一)引导大学生树立正确的劳动教育观念,重塑"五育"中劳动教育的价值地位

劳动教育直接决定社会主义建设者和接班人的劳动精神面貌、劳动价值取向和劳动技能水平。青年大学生是新时代社会主义现代化建设的最强后备力量,需要重塑劳动教育在青年大学生中的价值地位。

1.培养大学生树立整体化、科学化、时代化的劳动教育观。高校应当准确定位新时代劳动教育的育人价值,培育和践行大学生整体化、科学化、时代化的劳动教育观。作为新时代高校教育有机整体之一的劳动教育,是"树德、增智、健体、育美、创新"的重要推动力。高校要将"以劳促全"作为教育目标,改变劳动教育在教育体系中的"低位"处境,积极引导青年大学生投身于具体的、日常的生活实践中,让他们在具体的、日常的生活实践中就能对劳动价值有所领悟,帮助他们牢固树立劳动创造美好生活这一观念。

2.提高大学生对"辛勤劳动、诚实劳动、科学劳动"的根本认识。马克思认为"劳动是为每个人设定的天职",马克思透过人们的衣食住行等现象,明确指出劳动是人的根本存在方式。习近平总书记也提出"人世间的一切幸福都需要靠辛勤的劳动来创造"。显然,幸福和成功"归根到底要靠辛勤劳动、诚实劳动、科学劳动"来赢得,劳动对于满足人民的美好期待具有至关重要的作用,是人民创造未来美好生活的根本途径,"幸福不会从天降,美好生活靠劳动创造"。

3.培养大学生树立劳动最光荣、最崇高的价值观。价值观的形成离不开主体的实践活动,然而价值评价就其自身而言也有衡量标准,即求真、求善、求美,其作用是对人的行为进行激励、制约和导向,价值评价对于形成正确的价值观具有至关重要的倒逼作用。全社会应当在价值评价的反向推动下广泛达成"崇尚并热爱劳动""尊重普通劳动者""尊重他人劳动成果"的价值共识。确立正确且科学的新时代的劳动价值观不仅是培育和践行社会主义核心价值观的必然要求,也是培养合格的能担重任的新时代青年大学生的必由之路。高校要以"劳动最光荣、劳动最崇高、劳动最伟大、劳动最美丽"为行动要领,引导大学生形成对劳动的正确认识和价值评价。

(二)打造多种形式的劳动教育课程体系,形成德智体美劳相互融通的教育结构

当前,各高校正在将劳动教育纳入大学生综合素质测评中,在充分考虑劳动教育的基础上重新规划大学生培养方案,形成具有特色的劳动教育课程体系。高校应建立多种形式的劳动教育课程体系,使大学生在当前的课程实践中做到能劳动、会劳动、明劳动、悟劳动、爱劳动。

1.专门开设劳动教育课程。为切实推动劳动教育课程化进程,高校应主动增设劳动教育必修课程,使高校学生"明"劳动之理。专门且独立的劳动教育课程有助于从根本上重塑大学生对劳动概念、劳动认知、劳动情感、劳动行为的认识。通过对劳动教育必修课的课程大纲与课程目标的设置,建立起有劳动特色且科学的教育教学体系,能够推动高校劳动教育通识化、可持续发展。高校应针对不同专业、不同院系、不同年级的学生,制定和完善不同的劳动必修课的课堂教学目标、教学内容和教学环节,大学生学习这些精心设计、科学配比的劳动教育课程,有助于拓展学生对劳动科学、劳动社会学、劳动哲学的认知,从不同维度感受劳动的真正价值所在。

2.高校应寻找劳动教育与其他课程的相融点,使其他课程"渗入"劳动指向。在其他课程的课堂教学中,教师要对其课程中所隐含的劳动教育相关要素与资源进行全面、细致的梳理与整合,在细处、小处、实处重点下功夫,

形成全方位育人推动力。劳动教育与其他学科实现综合融通,这是培育时代新人的题中应有之义。高校应通过多方面、多层次、多角度探索劳动教育与其他课程有机结合的方法与渠道,使两者能在全方位、全过程融合中相互促进,实现学科育人、课程育人、劳动育人的目标。同样,其他课程要积极主动地融入劳动教育的相关概念、理念与精神,大力宣扬劳动精神与劳动模范人物,提高劳动能力、专业能力、职业能力等实践能力水平,在课程内外丰富学生的劳动实践体验,构建"五育融合"育人格局。

3. 推进劳动教育融入实践育人各环节,以劳动实践活动"塑"劳动幸福感。劳动教育具有突出的社会性和显著的实践性,劳动教育所具备的实践性特质,使其能融通德育、智育、美育和体育。高校应积极拓展劳动教育的多样化实践平台,在实践活动中厚植劳动教育理念,发掘各种实践平台中的劳动教育有益文化成果。高校可根据大学生身心发展特点,举办以劳动教育为主题的劳动技能大赛,如引导大学生动手制作"非遗"艺术品,组织大学生参加校园植树、绿化、图书搬运、整理、食堂服务体验活动等,将劳动实践与品格锤炼相结合,使大学生从具体实践中感受劳动乐趣,体会劳动带来的快乐,升华劳动体悟,从而获取劳动价值的认同来源,并促使大学生逐渐成长为德智体美劳全面发展的时代新人。

高校还可以采取丰富多彩的教育形式和喜闻乐见的活动方式。例如,定期开展由劳动模范人物、劳动教育领域专家学者、学生代表组成的"讲"与"学"的学术讨论讲座,或举行劳动精神学习会及劳动专题研讨活动,对劳动模范或典型进行大力宣传,对劳模精神、劳动精神、工匠精神进行大力弘扬,营造良好的劳动教育先进模范学习氛围,用具有中国特色、中国风格和中国因素的榜样力量,发挥劳动教育的立德树人功能,增强劳动教育的互动性,滋养大学生的劳动情感,培养大学生以劳动模范为榜样,自觉树立劳模精神。

高校还应积极鼓励大学生参加社会生产实践活动,使大学生在生产实践中得到劳动教育。为此,高校应当利用实践活动时间,鼓励大学生走出校园,到工厂、街道、农村进行社会生产实践,以增长劳动技能、感受劳动艰辛,同时,学会更加尊重他人劳动成果。最后,在人工智能、区块链、大数据等互联网技术蓬勃发展的背景下,各大高校需要在寻常的劳动教育中更加注重对学生创新、创业能力的培养,努力引导学生进行创新性劳动实践活动。

(三)深化劳动教育体制机制改革,形成开放的劳动教育良序系统

新时代劳动教育仍然存在"弱于学校,软于家庭,淡于社会"的现状。加强高校劳动教育,不仅应在学校层面进行劳动内容教育,还应强化家庭和社会劳动教育,积极打破学校、社会、家庭间的壁垒,优化家、校、社会"三位一体"的有机协同育人格局。

1.坚守学校劳动教育主战场。高校是开展劳动教育的核心场地,高校要充分重视主阵地和主战场地位,在加强思想政治教育工作的同时重点突出其中的劳动教育:一是完善顶层设计。高校加强劳动教育必须从教育教学制度入手,在制度层面予以高度重视,必须成立专门的领导班子,狠抓、严抓劳动教育这一板块。整合课程体系,推动劳动教育课程体系一体化,将劳动教育课程与德育、智育、体育、美育等课程有效结合,引导学生形成马克思主义劳动观,为劳动教育提供强有力的理论支撑。二是增设劳动教育评价维度。为确保评价结果的准确性和科学性,高校必须在原有的评价体系基础上,增设更多科学且合理的评价维度,不仅要对学生的劳动教育成果进行多维度评价,还要对自身劳动教育进行检视。三是多地域、多维度深入寻求劳动教育资源。高校不仅要尽最大努力提供实践场所,满足大学生户内、户外劳动教育场所需求,还要挖掘有关劳动文化、劳动精神等"软性"资源,在精神领域层面满足大学生劳动教育的需求。

2.巩固家庭劳动教育基础。家庭是劳动教育最初的场所,要充分重视家庭的劳动教育。孩子一出生首先接触的是家庭这个单元,同样地,劳动教育最先应当在家庭中发生,家长应当抛弃"溺爱""劳动可耻""学习为上"等错误观念,从小对孩子进行必要且科学的劳动教育,培养他们诸如洗衣做饭等

生存必需的劳动能力，使孩子能够高质量独立生活。家长还可以在家族集体活动中分享家族劳动模范人物、劳动模范事迹，以崇尚劳动的优良家风激发孩子劳动的积极性，从小根植劳动情怀。

3.依靠社会支撑。社会是大学生劳动教育实践的终极检验场所，但也可以提前发挥对劳动教育的检验功能，在大学生未正式踏入社会之前，发挥社会对劳动教育的支撑作用，对学校和家庭的劳动教育功能进行补充和完善。各级政府应当使社会各方面劳动资源充分涌流，组织公司、企业、机关单位、工厂等为大学生提供劳动实践活动平台，为学生劳动教育的开展提供官方的权威保障，完全解决大学生在社会上的劳动实践的后顾之忧，使他们更加专心参与劳动实践，最终在社会的帮助下形成全面且正确的劳动教育观。

第四节　五育融合视角下劳动教育的过程逻辑与未来路向

当前，从"五育并举"到"五育融合"已经成为新时代中国教育变革与发展的基本趋势。"五育融合"意味着由传统德、智、体、美、劳五育各自开展的状态转向相互渗透的融通状态。这一转向不仅是对未来教育新体系构建的"应然"期待，也是审视德育、智育、体育、美育和劳育在新时代"向何处去"的全新视角。基于这一视角，以下问题呼之欲出：面向"五育融合"教育体系构建的德育、智育、体育、美育和劳育如何在确立自身边界的同时，寻找相互融合的"点"，从而构建相应的融合机制。《关于全面加强新时代大中小学劳动教育的意见》指出，要"全面构建体现时代特征的劳动教育体系"。随着我国教育体系化构建由"五育并举"走向"五育融合"，劳动教育面临着内涵与过程的重构，劳动教育的育人价值及其实践路径也有待进一步明晰。

一、内涵重构:"五育融合"视域下的劳动教育

以"五育融合"为视角,劳动教育的内涵与实践不再局限于"教育与生产劳动相结合",不仅注重学生通过参与某一特定劳动实践实现教育目的,而且在此基础上,将劳动教育融入、渗透到德、智、体、美"四育"之中,以实现学生劳动态度、劳动价值观、劳动能力培养的全程渗透、全员参与、全方位介入。新时代的劳动教育应回归劳动的本质,重新思考劳动教育的内涵,这是实现"五育融合"的理论前提。

(一)劳动作为一种主体性实践

人们对劳动及其地位的理解是一个逐渐深入的过程。在哲学史上,黑格尔首次将劳动概念纳入哲学体系之中。他认为:人类通过劳动否定对象的纯粹自然形式,从而塑造世界;人以劳动克制自己短暂的欲望,使人成为一种有意识的纯粹自为存在。黑格尔明确了劳动不仅是主体参与客观世界的行为方式,也是人自我确证的重要手段。马克思对黑格尔的劳动观进行了批判性继承。他认为:"劳动不是意识的外化活动或对象化活动,而是感性的、现实的人的感性—现实活动,是人的具体的自我创造活动。"通过改造世界的劳动,"人才真正地证明自己是类存在物……劳动的对象是人的类生活的对象化;人不仅像在意识中那样在精神上使自己二重化,而且能动地、现实地使自己二重化,从而在他所创造的世界中直观自身"。马克思所理解的劳动既不具有古希腊时期的"鄙贱"之义,也不是纯粹的客观经验或纯粹精神的外化,而是主体本质力量对象化的自由自觉的实践活动。换言之,劳动本质上是一种主体性实践。主体性"强调的是人的精神能动性、思维的建构性、人的个体存在、非理性和意义世界"。劳动是人自主自觉地对主客观世界进行变革、创造的实践活动,是实现人的整体性存在与意义世界建构的基本路径。

劳动作为一种主体性实践,从活动形式来看,它不同于纯粹的意识活动。劳动是主体意识与行动共同介入客观世界的活动,内含着对主观世界与客观世界的双重改造;从活动的性质来看,劳动是一种主体自觉自由的实践活

动,是主体创造性与能动性实现的载体;从活动过程来看,劳动具有生成属性,是对主体本然状态与客观世界本然状态的有目的的改造,在感性活动中促进精神世界与物质世界的生成与发展。概而言之,劳动充分展现了人的主体性意识,是沟通主观意识世界与客观物质世界的根本通道,是主体生命意义世界构建的基础。

(二)成事成人:劳动的教育意蕴

习近平总书记指出:"发展中的各种难题,只有通过诚实劳动才能破解。"劳动是人的第一需要,是个体发展完善的根本途径。人的完成在于逐渐扬弃生物性的本然存在而走向社会性的自由存在。劳动体现为对人的自主性、创造性的显现,是对纯粹本然的扬弃。对于个人的发展而言,其主观世界若缺乏对客观世界的介入、改造,则会陷于"本然"的虚无,个人主观世界的形成与改造也就无所归依。通过劳动,人才得以在社会化、对象化的实践中确立自身,世界也才成为"人化"的世界。劳动沟通着主观世界与客观世界,实现了人性能力与客观世界秩序与规律的统一。换言之,劳动构成了个体在"成人"与"成事"中交互生成的生命图景。"成人"体现为通过劳动认识自己与改造自己。劳动实践架构起人的主观世界与客观世界的关联,使得主体在感性的自我反思之中凝聚智慧,达成对客观世界的认识与自我认识的提升。"成事"则体现为以"物(事)之性"为基础的客观世界的改造。劳动实践将自我利益的满足与外部世界的秩序和规律形成沟通互动,从而在二者的协调之中,促成个人德行发展的"成人"之道。概而言之,劳动赋予主体持续发展的动力,使得主体介入客观世界发展之中并达成自我与世界的平衡协调,这是一种集伦理、智慧、审美为一体的主体性实践活动,对于促进人的生命自觉与意义世界的建构起着根本性的作用。

(三)"五育融合"视域下劳动教育的内涵

传统劳动教育强调通过劳动进行物质生产与具身认知,把劳动教育等同于"劳动参与",将劳动教育视为德、智、体、美四育之外的补充。而"五育融合"视域下的"劳动教育"则强调劳动教育之于人的终身成长不可替代的价值,通过在各级各类教育过程中将劳动观、劳动态度、劳动方法、劳动技能等进行整合融通,从而"以提升学生劳动素养的方式促进学生全面发展"。[①]劳动教育不完全等同于学生参与劳动实践。首先,劳动实践是劳动教育的根本方式和最终目标,"劳动教育"这一概念的提出,意味着其最终目的指向人的劳动实践的发生。如果劳动教育无法推动主体性实践而仅仅是停留于价值观层面的认识,那么劳动教育就与劳动精神相悖。因此,劳动教育即基于劳动实践、通过劳动实践和为了劳动实践而开展的教育活动。其次,劳动教育作为一种教育,就必然是"有意识地以影响人的身心发展为直接目标的社会活动",蕴含着师生的交互过程,即公共知识、观念向学生心灵转化的过程。这一过程主要涉及劳动实践的"准备",包括意识层面的劳动知识、观念、方法等。从这个角度而言,劳动教育即在价值层面展开关于劳动精神、劳动方法、劳动观念等的教育活动。综合以上劳动教育两个层次的分析,劳动教育"既包括关于劳动的价值、理念、方法层面的教学,也包括师生共同参与的具体的劳动实践,是劳动意识准备过程与劳动实践过程的综合统一"。

综上所述,在"五育融合"视域下,劳动教育不仅是指向某一劳动技能的特定课程,还应包括在教育过程当中,将劳动的价值观渗透在德、智、体、美各育之中,引导学生将既有观念转化为独立思考与自主行动的资源,从而促进人的全面发展与个性化意义世界的生成。

二、"五育融合"视角下劳动教育发生的过程逻辑

"五育融合"视域下劳动教育的发生,本质是以劳动为联结点,通过引导学生将"学"与"做"融通,促使学生成为兼具理论素养与实践技能的人。

[①] 檀传宝.劳动教育的概念理解——如何认识劳动教育概念的基本内涵与基本特征[J].中国教育学刊,2019(2):82—84.

(一)以学致思:引导学生由知识学习的"旁观者"成为"当事者"

反思是个体生命成长的根本动力,反思产生于个体作为"当事者"的问题制造,"只有制造问题的当事者才掌握着问题的秘密,因此才有可能加以反思,而旁观者的理解无非是评论或解释,并非反思"。"旁观者"式的学习更多的是对知识权威的崇拜与迷信,其所学尚未与个人的生命成长建构起有意义的关联,从而弱化了学习的应然价值;而"当事者"式的学习则能充分发挥主观能动性,以自主之"思"明辨所学内容之于自我成长的独特价值,将确定性的知识转化到自我精神世界之中,以应对不确定性的生命实践。从个体发展的角度而言,只有当自觉地作为"当事者",所学内容才可能转化为个人发展的动力。

劳动教育的内涵决定了在教育过程中应有意识地提升学生"学"与"做"的融通能力。这一能力的达成要求在教育过程中让学生明确"学"与"做"融通的思维方式、反思工具或方法。具体而言,应通过师生互动与协作,针对某一学习主题或问题形成相应的解决方案与策略,学生在实践中加以检验与运用,然后进行反思。学生通过置身式的介入与反思,克服单向的"学"或"思"的盲目性、随意性与碎片化,从而使个体从知识占有走向转化与创造。当学生自觉地反思自身所学,并具备反思的能力时,作为主体的脑力劳动之"思"便开始发生。学习也就不再是"对抽象的彼岸世界的发现,而是对知识与个体所处的共在世界的双向建构"。

(二)由思而事:促进学生由"认识主体"成为"实践主体"

人学会认识世界的根本目的是更好地改变世界,实践是认识形成和发展的基础。劳动教育体现为引导个体对客观世界展开合目的、合规律的改造。劳动教育培养的是学生将"学"与"做"相结合的意识与能力。一方面,促使学生从"认识主体"转变为"实践主体",以身心合一的实践方式探寻知识逻辑与生活实践逻辑之间的关联,使得学生由知识的"认识者"转变为知识的"实践者",以推动客观世界的改造;另一方面,促使个体形成责任意识,在转变为"实践主体"的过程中,将自身的智慧与客观世界的规律、需要相联结,从而明晰自我之于社会、他人、自然需要与发展的独特价值。在具体的教育过程中,从"认识主体"转变为"实践主体",主要体现为劳动教育与德育、智育、体育、美育之间的融合。"劳动教育与德、智、体、美任何一育都有着密不可分的基础性关联。"劳动教育渗透于德、智、体、美四育的教育过程中,成为教学目的得以达成的组成部分。从一种既成状态走向发展状态的根本途径在于有目的、有依据的个体实践。劳动教育要求以德、智、体、美等所形成的观念系统为基础,结合具体的情景与文化展开实践性的探索与运用,切实将所学之"理"运用于社会之"实",以实践的方式促进自我与客观世界的改造与发展。通过劳动教育,促使学生学会将"理论—观念"的可能性转化为"行动—目的"的现实性,从思维观念层面的认知走向具体行动层面的实践。这对于提升学生在抽象层面的理论之"学"的能力与具体行动、操作等"做"的能力均有重要价值。

(三)以事成人:启发学生在"成事"中自觉"成人"

教育的最终目的在于通过相应的教育内容给予学生身心发展的精神滋养与自主成人的动力,在自由与规范的统一中实现"生命自觉",即对自我生命的自觉、对他人生命的自觉、对外在生境的自觉。"生命自觉"的根本动力来自人的自主实践。劳动教育的特殊性在于引导学生将理论的世界与客观物质世界相融通,使人充分运用理性、感性以确证"事"的规律与人之生活意义的关联,由此逐步超越对人与物的依赖性,从而走向自主性与独立性。在劳动教育中,教师通过安排适当的实践活动与进行适当的方法、原则方面的指导,给予学生将理论用于不同情境的机会;学生则在操作与反思之中不断明晰所学内容、方法之于实践的价值与意义,并进行改造客观世界的尝试,由此将所学内容融入日常生活实践之中以"成事"。在此基础上,激发学生对所学内容的深化运用与自身经验的反思,从而促成自我观念的更新。换言之,劳动教育不仅仅停留于学生参与劳动实践,而是在参与劳动实践的基础上,引导学生对劳动实践进行反思并进行理论或观念的建构,由此启发学生在"成事"的基础上通过反思将"事"的经验转变为学生发展的精神资源。

"成事"意味着主体以既有经验为基础介入日常生活实践,实现转识成智、知行合一,这是由内而外进行世界改造的劳动实践。"成人"意味着这个过程不表现为外在强加,也非依赖于外在灌输,而是基于个体自身的可能而展开的过程,是基于客观世界改造的自我塑造。劳动教育应通过将"学习—思考—成事—成人"贯通,在既有德、智、体、美四育的知识习得的基础上,实现知识与生活实践的交互生成,促进个体经验与外部世界变革的交互生成。由此,个体自身的可能性才能得以充分展开,真正走向基于生命自觉的"成人"之途。

三、"五育融合"视角下劳动教育的未来路向

随着智能时代的到来,劳动教育由传统的作为技能掌握与生存的需要,转变为主体确证教育意义与自我生命价值的重要方式。面向未来,"五育融合"下的劳动教育应实现目的重塑、方法重塑与教育内在结构的重塑。

(一)确立"成事成人"的劳动教育价值取向

劳动教育并不仅仅是一种劳动意识的培养或者开展劳动实践活动的教育。在机器大工业时代,物质生产劳动成为主要的劳动形态,因而劳动教育通常被理解为学生参与物质生产劳动。在智能时代,机械化与人工智能的发展逐步使人从物质生产劳动中解放出来,对于个人其真正的挑战在于如何成为具有创造性与个性的主体。就此而言,智能时代的劳动教育应主要培育将脑力劳动与体力劳动相结合的意识与能力。换言之,劳动教育应定位于在教育活动中引导学生介入到具体现实之"事"中,做到在"成事"中"成人"、为"成人"而"成事"、用"成人"促"成事"的处理"人"与"事"的原则,引导学生参与劳动实践并实现自我的生命成长。

由此，我们可以将劳动教育划分为两类形态。首先，劳动教育渗透于日常教学活动过程之中，成为德、智、体、美各育的组成部分，其核心在于充分彰显学生的主体性，以师生互动达成对知识的理解与运用，激发学生在反思与创造中实现从未知到已知、从已知到未知的探索实践。其次，劳动教育通过构建专门的课程，以具体的劳动事件为载体，引导学生参与到劳动知识的学习、策划、组织与劳动的实践、劳动的反思过程之中，由于劳动本身的复杂性，两类形态的劳动教育无不涵括德育、智育、体育与美育的渗入。总之，劳动教育的最终目的在于促进学生知行合一，使其将知识运用于具体情境之中，以"当事者"的身份进行自我实践的反思，最终达成"成事"与"成人"的境界。

（二）构建"学—思—做"动态循环的劳动教育过程

新时代中国特色社会主义劳动教育的目的是培养具有劳动知识、劳动技术素养、劳动精神、劳模精神、工匠精神，辛勤劳动、诚实劳动、创造性劳动的德智体美劳全面发展的社会主义建设者和接班人。劳动教育的最终指向是"育人"，而非形式化的劳动参与。无论是劳动知识、劳动技术素养、劳动精神、劳模精神、工匠精神等价值观层面的培养，还是辛勤劳动、诚实劳动、创造性劳动等实践层面的具体操作，都离不开主体自身作为"当事者"和"实践者"的行动与参与。此外，"知识不是镜式的记录，而是对某一对象施加活动，并产生一个经验的后果"。无论何种形式的教育，都应与学生的已有经验建立起联系，将知识、理念、价值观、方法论等理论层面的学习施加于具体的劳动实践之中，而非纯粹的理论服从于机械式重复。从劳动教育的本质与人的发展需要出发，完整的劳动教育应包括"学""思""做"三个相互贯通的教育过程。首先，"学"是劳动的前提，也是劳动教育之为教育的前提。"学"指教师为引导学生开展劳动实践而进行的相应的理论、观念、方法等意识层面的学习。其次，"思"是劳动行为得以发生的动力。学生通过自主思考对所学的知识进行反思、转化，从意识层面进行整体的把握与理解，内化为"成事"的理论储备与自我发展的能量。最后,"做"是劳动教育的根本所在,也是劳动呈现的根本方式。在"学"与"思"的基础上,学生实现了意识层面的提升与转变,但仍需要在自主参与的劳动实践中对"学"与"思"进行检验,一方面检验知识的准确性,另一方面检验自身的行动能力,以"做"推进对知识的理解的深化与反思,从而促进自我能力的提升。当然,这三个环节并非割裂的,而是"学"中有"思","思"中有"学",在"思"中做,在"做"中"思",这是一个动态的螺旋上升的过程。经过"学—思—做"一体化的劳动教育过程,主体对知识转化、反思与创造,从而实现人的自主发展。

(三)形成德智体美劳相互融通的教育结构

劳动教育所具备的实践性特质,构成了劳动教育与德育、智育、美育、体育之间的融通。在日常教学中,劳动教育的形态体现为将主体性实践融入德育、智育、美育、体育的教学过程之中,引导学生从理论层面的学习走向实践层面的反思与行动。从学科的衡量尺度来说,德育的尺度是价值与行为,智育的尺度是知识与思维,体育的尺度是运动与健康,美育的尺度是感性与审美,而劳动教育的尺度则是实践与创造。劳动教育就是要将德育、智育、美育、体育中所形成的理念与经验运用在具体的现实情境之中,引导学生从认识主体走向实践主体。劳动教育的建构性与操作性使得其具有全局参与属性,能够并且应当与其他学科实现综合融通。

"教育过程的最终目标是促使个体完成社会化的转变,使受教育者的身心发展与社会需要吻合在一起。"换言之,教育最终要促进个体将教育过程转化为个人应对真实生活的劳动实践能力。按照建构主义的学习观,一个完整的学习过程应经历内化—转化—外化—习俗化四个阶段,其中,外化与习俗化依赖于个体劳动实践的彰显。理论学习最终应走向劳动实践,通过劳动实践体现理论学习的成果,并通过劳动实践的运用提升对理论的理解。无论是德育、智育、美育、体育,还是劳动教育,都应当以引导学生自主运用知识与反思为根本目的。一方面,引导学生对知识进行直接运用,这是对已有知识的模仿,以重复操作提升其知识运用的熟练度。更为重要的是,引导学生对知识进行创造性发挥,将知识学习与自己所处校园、家庭、社会等情境相联结,培养学生的问题意识与创造力。在这个过程中,师生相互协作生成劳动的方法,掌握劳动工具,借助劳动工具介入感性的现实事件之中,最终开展自主改造世界、自我提升的个人实践。概而言之,引导学生走向自主劳动实践是德育、智育、美育、体育、劳育之根本目标实现的标志,而劳动教育则是实现这一目的的基本途径。

参考文献

[1]班建武,檀传宝.新时代立德树人理论探索书系 新时期劳动教育理论体系建构研究[M].杭州:浙江教育出版社,2022.

[2]褚凤,易锦,刘悦丹.新时代高校劳动教育理论与实践教程[M].上海:上海交通大学出版社,2022.

[3]方小铁.大学生劳动教育[M].北京:北京理工大学出版社,2022.

[4]黄燕,叶林娟.中国劳动教育回顾与体系建构研究[M].上海:东方出版中心,2022.

[5]金志浩,李川,王良印.新时代高校劳动教育教程[M].北京:中国石化出版社,2022.

[6]李涛."五育并举"的课程理论建构与校本实践[M].长春:吉林人民出版社,2021.

[7]廖辉,汪菊.劳动教育校本课程的理论与实践[M].北京:中国社会科学出版社,2023.

[8]严实,张嘉友,刘真豪,等.高校劳动教育育人模式构建的基本策略研究[M].成都:四川大学出版社,2023.

[9]严怡,石定芳.新时代高校劳动教育指导[M].重庆:西南师范大学出版社,2022.

[10]姚小英,李勇红,徐辉.大学生劳动教育[M].北京:中国人民大学出版社,2023.

[11]张蕊.五育并举 以劳树德 23年劳动教育实践展示[M].上海:上海教育出版社,2021.